KB212745

귀신연구소

귀신
연
구소

나는 누구인가?

나는 어디서 와서 어디로 가는가?

태초에 나는 무엇을 하기 위해 태어났는가?

무엇이 답인지 어떻게 답을 찾아야 하는지도 모르고

이런저런 생각들에 마음을 뺏긴 채 긴 시간을 보냈다.

어쩌면 이 길인가 싶어 기웃거리기도 하고

어쩌면 저 길이 내가 갈 길인가 싶어 서성였다.

내가 가야 할 길을 찾지 못해 멍하니 하늘만 바라보곤 했다.

왜 그런지 가슴은 늘 허전하기만 했고 무엇을 어떻게 채워야 할지를 몰라 한참을 헤매고 다녔다. 그러다 뜻밖의 길을 만나게 되었다. 우연히 만난 이 길은 황당하기도 하고 우습기도 하며 어쩌면 신기하기도 하고 무섭기도 하며, 때로는 당황스럽기도 하고 신비롭기까지 했다.

나와 세상

이 사이에 공존하고 있는 존재

'나'를 찾기 위해서는 결코 간과할 수 없는 이 길

길은 애초에 없는 길이기도 하며
문 없는 문을 열어야만 갈 수 있는 길이기도 하다.

글로는 표현할 수 없는 그 무엇.
어딘지 말로 할 수 없는 그 곳.
어디로 가는지 알지만 가르쳐 줄 수 없는 그 길.
텅 빈 이 가슴이 누구의 것인지,
이 모든 것들을 그때는 왜 그리도 몰랐는지
보이지도 않고, 들리지도 않고 그러나 분명히 존재하는…
돌이켜보면 이 모든 것들이 정해진 길이었다.
길을 찾아 헤매고 있었지만 그 헤매던 길조차도 지금 이 순간을
위해 짜 맞춰져 있었다. 이제는 내가 가야 할 길이 어떤 길인지를
알기에 조심스레 발을 내디뎌 본다.

여기에 내가 가고 있는 이 길에서 일어난 많은 일들을 이야기하
고자 한다. 이 글을 쓰면서 내가 얼마나 부족한 사람인지 뼈저리
게 느꼈다. 그 부족함을 조금이나마 채우기 위해 사실적으로 표현
하고자 노력했다. 일어나는 모든 일들을 객관적으로 바라보고,
있는 그대로 적기 위해 거짓없이 진실되게 이야기하고자 애를 썼
다. 다만 내가 쓴 이 글이 한사람에게라도 도움이 되기를 바랄 뿐
이다. 참고로 여기 적힌 내용은 모두 내 개인적인 수행 과정들이라
는 것을 알아주셨으면 한다.

목차

후기 • 273

보이지
않는
세상

나를 찾아 떠나는 길에서 만난 뜻밖의 존재는 '귀신'이었다.

'귀신'

있다고 하는 사람,

없다고 무시하는 사람,

이것도 저것도 생각조차 안 해본 사람,

과연 어떤 것이 맞을까?

사과를 먹어 본 적이 없는 사람에게 사과 맛은 설명하기도 힘들지만 설명한다고 해도 그 맛을 온전히 알 수는 없다.

그러므로 있다는 사람은 있는 대로 없다는 사람은 없는 대로 각자의 길을 갈 수 밖에 없다. 각자의 시선에서 바라본 세상은 각각이 낀 안경 색깔에 따라 다르게 보인다.

우리는 자신이 어떤 색깔의 안경을 끼고 있는지도 모른 채 타성에 젖어 지낸다. 이렇게 색안경을 끼고 있는 이상 세상이 가지고 있는 본래의 색깔과 모양을 정확하게 볼 수가 없다. 세상을 제대로 보려면 색안경을 벗어야만 바르게 볼 수 있다. 이제 이 색안경을 벗어보고자 한다.

우리는 눈으로 직접 보고 확인한 것만 믿으려고 한다. 그러나 정작 눈에 보이지는 않아도 존재하는 것들이 너무나 많이 있다.

과거에도 존재했고 현재에도 존재하는 많은 것들이 증명이 되면 있는 것이고 증명이 안 된다고 존재하지 않는 건 아니다.

불과 몇십 년 전만 해도 지금의 과학 기술을 상상이나 했는가? 그러나 우리는 공상 속에서 보고 꿈꾸던 것들을 현실에서 누리고 있다.

내가 모른다고 없는 게 아니다. 실제로는 귀신을 보고, 귀신의 소리를 듣고, 귀신의 기운을 느끼는 사람들이 많다. 그게 뭔지를 모를 뿐이고 알면서도 인정을 하지 않을 뿐이다.

우리는 가끔 아무도 없는데 누군가 쳐다보고 있는 듯한 느낌이 들 때가 있다. 갑자기 등골이 오싹하거나 머리끝이 쭈뼛 설 때도 있고 이유없이 깜짝깜짝 놀란다거나 뜬금없이 죽은 사람이 생각날 때도 있다. 바로 그 분이 오셨다는 신호다.

그런데 우리는 이 신호를 '응? 뭐지?' 하면서 그냥 무시하고 지나간다. 또 어린아이들은 그들을 본다. 5살 전후까지 아이들은 저승문이 닫히지를 않아서 귀신들을 본다. 다만 그들이 누구인지를 분간하지 못할 뿐이다. 물론 그들을 알아보고 이야기하는 아이도 있다.

어린아이가 누군가에게 안 가려고 하고 그 사람을 쳐다보고 운다면 나쁜 기운이 있다는 걸 알아야 한다. 왜 아이들이 싫어하느냐고 말하지 말고 그 사람에게 어떤 기운이 나와 있는지를 알아야 한다. 좋은 기운이 나와 있으면 울지 않는다. 귀신이 없으면 울지 않는다. 그러다가 5살이 지나면 망각의 벽이 처지면서 대부분의 아이들은 그들을 볼 수 없게 된다.

이처럼 우리가 알지 못하는 사이에 많은 일들이 우리 주변에서 일어나고 사라져간다. 애초에 인정하지 않아서 보면서도 모르고 지나쳐 갈 뿐이다.

왜 윗대 어른들은 제사를 지냈을까?

귀신도 없는데 산 사람 잘 먹으려고 늦은 밤에 정성 들여 제사를 지냈을까? 왜 죽은 사람이 꿈에 나타나 배고프다고 말을 할까? 귀신을 인정하고 알고 바라보면 모든 걸 알 수가 있다.

귀신들도 여러 부류가 있다. 사람이 여러 부류가 있는 것과 마찬가지다. 일반적으로 우리가 알고 있는 귀신들은 그냥 잡영에 불과하다. 조상이나 죽은 친인척, 지인들이 여기에 속한다. 한이 많아서 못가든, 억울해서 안가든, 죽은 줄을 몰라서 못가든, 바라는 바가 있어서 우리에게 찾아오는 이들은 대부분 여기에 속한다. 그들은 자신의 뜻을 이루기 위해 우리에게 끊임없이 알리고자 한다. 누군가 알아들을 때까지 온 집안을 헤매고 다니기도 하며 자신들의 고통을 알리고 도와달라고 끝없이 요구한다.

그들도 분류를 해보면

저급 영혼일수록 한이나 집착을 가지고 자신의 고통을 호소

하고

중급 영혼은 진리를 찾아서 방황과 혼돈 속에 있으며,

고급 영혼은 내면의 깨달음에 대한 갈망이 강하다.

그 영혼의 수준에 따라 원하는 바가 다르다.

다음으로 무속인들이 모시는 신이 있다.

무속인이 모시는 신도 계층이 다양하다. 그들도 그들 나름의 서열이 있어서 서로가 서로를 알아보고 대우한다. 무속인이 모시는 신들을 분류해보면 조상이나 친인척이 머물면서 무당일을 시키기도 하고, 집안에 누군가 모시던 신이 후손에게 내려가기도 하며, 내림굿을 해서 밖에서 신을 받기도 한다.

자기가 모시는 신보다 큰 신이 나타나면 언제 어디서든 바로 알아보고 깍듯이 대접하고 작은 신을 만나면 바로 하대하며 어린아이 다루듯 한다. 내면의 신들끼리 인사를 하고 있지만 실제 겉보기에는 어린아이가 나이 많은 어른에게 하대를 하기도 하고 나이 많은 어른이 어쩔 줄 몰라 하며 굽신거리기도 한다. 세상살이나 사람 마음으로 바라보면 이해할 수가 없다.

그러나 그들은 육신은 비록 사람으로 살지만 귀신이 정신을 지배하고 있어서 서열을 인정하고 받아들이기에 전혀 마음에 두지 않는다.

하룻강아지 범 무서운 줄 모른다고 아무것도 모르는 어린 신이 큰 신을 알아보지도 못하고 함부로 하다가 매를 맞기도 하고 큰 신은 어린 신을 아기 다루듯 어르며 그냥 내버려 두기도 한다. 신의 계층이 비슷하면 서로 시기 질투도 하고 경쟁도 하며 방해하기도 한다. 서열이 낮을수록 잘 싸우고 엉뚱한 짓을 하기도 하며 자기 마음대로 하려고 영매들을 괴롭히기도 한다. 급이 낮을수록 작은 일은 잘 맞추지만 안목이 길지 못하고, 급이 높을수록 작은 일은 모르지만 평생 살아갈 큰 틀을 예측하기도 한다.

그 신의 능력에 따라 보는 관점이 다르기에 다 맞출 수가 없다. 설령 잘 맞춘다 하더라도 순간순간 내가 어떤 마음으로 어떻게 하느냐에 따라 달라지기 때문에 어떤 경우에도 정답이란 건 없다. 아무리 잘 맞춘다는 신도 실제로는 우리의 30%밖에는 보지 못한다.

또 신은 자신보다 깨끗하고 큰 신은 보지 못한다.

자신보다 큰 신이 나타나면 못 본다고 이야기하지 않고 거짓말을 하고 제대로 안 보여서 엉뚱한 소리를 하기도 하며 얼렁뚱땅 얼버무리고 넘어가기도 한다. 이렇게 무속인이 모시는 신들은 늘 신의 마음대로 하려 하고 시키는 대로 하지 않으면 고통을 준다.

이들은 대부분 3대(조부모) 이하의 신이 많으며 급이 높든 낮든 신이 크든 작든 상관없이 대체로 욕심이 많고 시기 질투가 심하다.

신들은 자신을 모시는 무속인이 말을 잘 듣는지 어떤지를 늘 시험해보며 항상 의심이 많아서 거짓으로 떠보기도 한다.

그 위로는 공신이 있다. 개인이 모시는 신이 아니라 일반 대중을 위해 존재하는 신들이다. 각 산에는 산신이 있고, 터에는 터신이 있으며, 집에는 그 집을 지켜주는 성주신이 있다. 터신과 성주신이 같을 수도 있고 상황과 형편 따라 다를 수도 있다. 각각 번지마다 따로따로 신이 다 있으며 마주 보는 산을 같이 관리하며 자신의 자리에서 힘을 키우는 신도 있고 별 관심이 없는 신들도 있다.

각 사찰이나 교회 성당에도 거기에 맞는 신들이 있다. 종교 단체에 있는 신들은 사람들이 얼마나 열심히 기도하고 정성을 들이느냐에 따라 힘이 달라진다. 때에 따라서는 모셔놓고 기도를 해주지 않으면 대접해 달라고 인사해 달라고 몸을 아프게 해서 알리려고도 한다. 신은 알리려고 하는 것이지만 알아차리지 못하면 고통스럽게 느껴진다. 알 때까지 고통이 사라지지 않을 수도 있다. 어떻게든 원하는 바를 표현하고 알리고자 하기 때문이다.

공신들도 계층이 많다. 세상에서 공무원이 있는 것과 같다고 보면 된다. 공신을 다르게는 천신이라고도 한다.

천신이 내려오면 일반 귀신들은 무서워하며 숨기도 하고 도망가고 달아나기도 한다. 그들은 우리의 삶을 도와주기 위해 와 있지만 우리는 그들을 인정하지도 않고 알려고도 하지 않으며 대부분 무시한다.

관공서란 필요할 때만 찾게 되지만 없으면 안 되는 곳이다. 그런데 우리는 천신들의 존재가 보이지 않고 당장 필요하지 않아서 없다고 한다면 관공서를 내가 갈 일이 없어서 필요없다고 하는 것과 같은 것이 된다.

이런 천신이나 공신이 없다면 보이지 않는 힘이라는 게 존재할 수가 없다. 보이지 않는 힘이라는 게 없다면 종교가 이렇게 긴 세월 동안 이어져 내려올 수가 없는 것이 아닐까?

비단 종교만이 아니라 선조들이 우리에게 전해주는 속담이나 사자성어 같은 수많은 이야기들이 꼭 잘못된 건 아니라는 걸 우리는 알고 있다. 긴 세월 동안 우리에게 전해져 올 때는 타당성이 있기 때문이다. 오히려 옛말치고 틀린 것 하나도 없다고 강조하시는 분들도 많다. 세상살이에서 전해져오는 동안 검증을 받았다는 것이다. 눈에 보이지는 않아도 기운이나 파장이라는 게 있다고는 누구나 인정한다. 그러면서 굳이 신의 존재만은 인정하지 않으려는 건 무슨 의미일까?

보이지 않는 힘은 있다. 보이지 않는 힘이 없다면 종교가 존재할 수가 없다. 하나님이 눈에 보여서 믿는 건 아니지 않는가?

천신들은 필요한 일에 쓰일 사람을 선택한다.

그 나타남이 처음에는 분간하기 힘들지만 결과적으로는 확연히 차이가 난다. 개인의 삶과 공인으로서의 삶이 그 차이점이다.

겉으로 보기에는 똑같은 일을 하고 똑같은 생활을 하고 있는 것처럼 보이지만 그 마음과 삶 자체가 다르다.

하늘에서 정한 사람에게 일을 시킬 때는 하늘에서 알아서 정리를 해준다.

내면에 무당이 있든 욕쟁이가 있든 필요한 시기가 되면 일을 할 수 있게 만들기 위해 천신이 필요 없는 잡영들을 쫓아내고 정리해서 일을 하게 만든다.

얼마 전에 있었던 일이다.

어떤 분이 하늘 일을 하기로 약속하고 같이 일을 하기 위해 이야기를 하고 있었다. 몇 사람이 같이 앉아 차를 마시고 있었는데 새로 일을 하기로 한 분이 자꾸 뒤를 힐끔힐끔 돌아보면서 하지 말라고 중얼거리더니 갑자기 끌려가듯 거실 넓은 자리로 나갔다. 그러다가 뜬금없이 바로 누웠다가 엎드렸다가를 반복하며 마치 누군가에게 맞는 것처럼 아프다고 소리를 질렀다. 무슨 일인가 하여 물어봤더니 천신이 일을 할 수 있게 해주기 위해서 내면에 있는 쓸데없는 잡영들을 정리해 주신다고 했다.

바라보는 사람들은 의아하게 쳐다보지만 정작 당사자는 신장님께서 잡영들을 쫓아내기 위해 처음에는 '나가 나가' 하면서 야단을 치시다가 말을 안 들으니까 발로 밟기도 하고 때리기도 해서 잡영들이 아프다고 소리 지르는 거라고 했다.

밟는 자리마다 잡영들이 붙어 있는 자리라 내면의 그분들은 아프다고 울면서도 안 나가려 하고 무섭다고 벌벌 떨기도 하고, 잘못했다고 손을 싹싹 빌기도 하며, 일어서서 빌고, 무릎 꿇고 빌고, 울면서 빌기를 반복하기도 하고, 그냥 있게 해달라고 애원하기도 했다.

쓸데없는 잡영들이 정리가 되어야 제대로 일을 할 수 있다고 했으며, 잡영들은 언제나 일을 방해하므로 그냥 놔둘 수가 없다고 했다.

물론 천신이 선택했다 하더라도 우리 개개인이 거기에 부응하지 못할 수도 있다. 그 마음을 보고 천신이 선택을 하지만 그 일을 하든 안 하든 결정은 본인이 한다. 일을 안 하겠다고 마음먹으면 천신은 다른 사람을 찾아 일을 시킨다. 언제나 대타가 준비되어 있다.

천신이 세상을 위해 필요해서 쓰는 사람이기 때문에 누가 일을 하게 되든 하늘은 상관하지 않는다. 단지 일을 성사시키는 데만 신경을 쓴다. 천신이 선택해주지 않아서 일을 못 한다면 어쩔 수 없지만 선택을 당했는데도 일을 안 한다면 그 개인에게는 너무 안타까운 일이다.

기회는 쉽게 주어지지 않기 때문이다. 그 기회는 언제 또 올지 알 수가 없다. 어쩌면 영원히 기회가 없을지도 모른다. 이미 여러 번의 기회를 줬지만 그때마다 흘러버렸을지도 모른다.

전생의 기억을 지우고 오기 때문에 알 수가 없다. 기회가 왔을 때 잡아야 한다. 후회를 할 때는 늦었다는 거다. 보이지 않는 세상은 한 치의 오차도 없이 너무나 정확하다.

이제 그들에게 좀 더 가까이 가 보자.

우리 곁에 가장 가까이 있는 영가는 조상이다.

조상 영가가 후손에게 오면 후손은 조상 영가를 거부할 수 없다고 한다. 그 세계도 그들 나름의 법칙이 있다고 한다. 조상 영가는 실제로는 후손을 괴롭히려 하지 않는다. 후손 망하라는 조상은 없다. 원하는 게 있어서 올 뿐이다.

조상들은 후손을 도와주려고는 하지만 대신 대접 받고 싶어 한다. 죽어 귀신이 되어보니 힘들고 괴로워서 바르게 살아야 한다고 말하기도 하고 자신의 고통을 호소하면서 도와달라고 부탁하기도 한다.

사후세계도 계층이 있어서 후손이 어떻게 하느냐에 따라 조상들의 머무는 곳이 달라진다고 한다. 물론 본인이 어떻게 살았는지가 가장 중요하다. 죽고 난 뒤에 사후세계가 있다는 걸 알게 되지만 자신이 어쩔 수가 없어서 후손에게 자신을 도와주고 자신을 위해서 뭔가를 대신해주기를 바라게 된다.

부모 없는 자식은 존재하지 않는 것처럼 조상 없는 후손은 있을 수가 없다. 그래서 조상들은 후손에게 도와달라고 끊임없이 요구한다. 가끔은 조상들끼리 싸워서 후손을 이혼시키기도 한다. 내 후손이 잘되어야 조상도 좋은 기운을 받을 수 있다고 한다. 그래서 양가 조상들은 조금도 양보하려고 하지 않는다.

이렇게 조상들이 이혼시킨 경우에는 정작 당사자들은 나중에 후회를 하기도 한다. 당사자 자신의 마음이 아니라 조상이 이혼하도록 마음을 조정했기 때문에 본마음이 돌아오면 '조금 더 참아볼 걸...' 하면서 후회를 한다.

물론 모든 상황이 그럴 수 밖에 없도록 만들어져 있기 때문에 어쩔 수가 없고 그때는 그것만이 최선인 것처럼 보인다.

영가들은 그렇게 어쩔 수가 없도록 만든다. 영가들은 꿈에 나타나 말하기도 하고, 느낌을 주기도 하며, 몸을 아프게 해서 영매를 통해 이야기하기도 하고, 수행자는 수행 중에 메시지를 전달받기도 한다.

또한 우리 옆에는 조상만 있는 게 아니라 무수히 많은 인연들이 머물고 있다. 이 인연들은 윤회 과정에서 얽히고 설킨 많은 인연의 고리를 풀기 위해 우리 주변을 맴돌면서 기회를 만들려고 한다. 그러나 우리는 그들의 말을 알아듣지도 못하고 알려고도 하지 않으며 어쩌다 알게 된다고 해도 관심을 두지 않는다.

귀신의 존재를 알려고도 하지 않으며 알게 된다고 해도 믿으려 하지 않기 때문이다.

그러나 귀신은 있다.

병들어 식물인간 상태로 죽은 귀신은 죽어서도 말이 안 나와서 괴로워하고, 교통사고로 몸이 부서져 죽은 귀신은 온몸이 아프다고 고통스러워하며, 아무도 모르게 생명줄을 끊은 아들에게 괘씸하다고 욕을 하는 아버지도 있다.

만약 그들이 없다면 말을 못 해서 답답하다고 가슴을 치며 울부짖는 귀신의 마음을, 온몸이 아프다고 호소하는 영가의 고통을, 병원에서 회생 가능성이 없으니 가족이 결단을 내리라는 소리에 울면서 아버지의 생명줄을 끊은 아들의 가슴 아픈 이야기를 영매가 어떻게 알고 전달할 수가 있겠는가? 그것도 십수 년이 지난 일들을…

과연 귀신이 없다고 할 수 있을까?

영매들을 보면 귀신의 존재를 확실히 알 수 있다. 영매들에게는 귀신이 있다. 귀신이 있어야 귀신의 이야기를 듣고 전달할 수가 있다. 귀신이 없으면 귀신의 이야기를 알아들을 수가 없다.

귀신이 없으면 느낌이나 꿈으로 이야기를 전달받을 수는 있어도 직접 보거나 듣지는 못한다. 귀신을 보고 듣는 사람에게는 귀신이 있다. 영매들은 그 귀신이 가르쳐주는 대로 전달하는 역할을 한다. 들어있는 귀신의 능력에 따라 영매의 능력이 달라진다. 영매들은 자신의 의지와는 상관없이 귀신이 하라는 대로 한다. 귀신은 자신이 알리고자 하는 이야기를 전달하지 않으면 전달할 때까지 영매를 괴롭힌다.

무속인들을 보면 휘파람을 불어서 귀신의 이야기를 전달하기도 하고, 욕을 하는 무속인도 있고, 무언가를 탁탁 치면서 이야기하는 사람도 있고, 쌀을 뿌려서 귀신과 소통하는 사람도 있다.

이들에게서 그 귀신이 나가면 그렇게 쉽게 불던 휘파람도 불지 못하고, 입만 벌리면 하던 욕도 한마디도 하지 않으며, 쌀을 뿌려 바라보면서도 어떻게 이야기해야 할지 감도 못 잡는다. 오랜 경험으로 얼렁뚱땅 끼워 맞출 수는 있겠지만 제대로 하지는 못한다.

귀신이 하는대로 하기 때문에 귀신이 없으면 할 수가 없다. 귀신이 알아듣고 귀신이 전달한다. 귀신의 말을 알아듣는 사람은 자신에게 귀신이 있다는 걸 알아야 한다.

무속인을 지나치게 찾아가는 사람들은 자신이 무속인과 같은 부류라는 걸 알아야 한다. 같으니까 좋아서 찾아간다. 귀신이 귀신을 부르니까, 기운이 당기니까 찾아간다.

무속인에게 많은 재산을 갖다 주는 사람은 결국 무속인이 되는 경우가 많다. 내면의 그 분이 돈이 없어지게 만들어서 그 길을 가게 하기 때문이다.

끝까지 그 길을 안 가려고 버티다가 정상적인 생활을 못 하는 사람도 많다. 내면의 그 분을 내보내야 한다. 내면의 그 분이 있는 이상 정상적인 생활을 할 수가 없다.

영가들은 아프다고 울부짖고 말이 안 나온다고 안타까워 할 육신이 없다. 그런데도 그들은 죽을 때 의식을 그대로 가지고 있어서 답답하다고 가슴을 치며 온몸이 아프다고 고통스러워한다. 그리고 풀어달라고 도와달라고 하소연한다.

이런 영이 사람 몸에 들어오면 멀쩡하던 사람이 말문을 닫기도 하고, 어느 날 갑자기 온몸이 아프다고 병원을 찾아다닌다. 그러나 그 영혼을 내보내지 않는 한 병원을 아무리 다녀도 낫지 않는다.

이처럼 어떤 영혼이 들어오는가에 따라 몸이 달라진다. 건강한 귀신이 몸에 들어오면 우선은 아픈 데가 없다. 그러나 소아마비로 고생하던 귀신이 들어오면 다리가 아프고, 불에 타 죽은 귀신이 들어오면 온몸이 뜨겁고 한겨울에도 덥다고 땀을 흘리며, 물에 빠져 죽은 귀신이 들어오면 온몸이 싸늘하고 늘 춥다고 덜덜 떤다.

무속인과 종교인이 되는 경우도 마찬가지다. 몸이 아프고 돈에 쪼들리다가 결국 신을 받고 무속인이 되기도 하지만 몸이 아파서 죽는다고 하다가 종교인이 된 후 낫는 경우도 더러 있다.

이렇게 우리는 알게 모르게 귀신들에 의해 삶의 질이 달라지고 있다. 내 의도와는 상관없이 공의 상태이거나 멍하거나 몽롱할 때 또는 슬퍼서 격렬하게 울 때 귀신이 잘 들어온다.

그들이 우리에게 올 때는 이유가 있다. 인연 없는 영혼은 없다. 인연이 있으면 받아 주게 되어 있다.

영가들은 그들의 뜻을 전달하기 위해 직접 괴롭히기도 하고 사랑하는 사람을 괴롭혀서 볼모로 잡기도 한다. 그 볼모를 괴롭히면 우리는 어쩔 수 없이 귀신의 말을 들을 수 밖에 없다.

그들은 어떻게 하면 우리가 말을 잘 들을 건지를 알고 있다. 존경하는 어른의 모습이나 좋아하는 연예인의 모습으로 나타나기도 하고, 절에 다니는 사람이라면 보살의 모습으로 보여주기도 하고, 교회나 성당에 다니는 사람이라면 성인이나 성령의 모습으로 나타나기도 한다.

귀신들은 모습을 마음대로 바꿀 수 있기 때문에 보는 사람이 알아보기 쉬운 모습으로 나타나 원하는 바를 전한다.

저승사자도 마찬가지다. 현대판 저승사자는 오토바이를 탄 경찰로도 나타난다. 가끔 조상이 엘리베이터를 타고 가거나 비행기를 타고 가는 꿈을 꿨다고 이야기하는 사람이 있다.

버스를 타고 가면서 버스 번호까지 정확하게 보여주는 경우도 있다. 그 버스 번호는 우리가 저승을 연상하는 숫자들이다. 조상이 떠난다는 것을 우리가 알 수 있게 보여주는 것이다.

이렇게 귀신들은 어떻게 하면 말을 잘 알아들을 건지를 알고 거기에 맞는 모습으로 나타나 이야기를 전달한다. 그래도 못 알아들으면 처음에는 물질로 힘들게 하고 나중에는 몸을 괴롭힌다. 자신의 뜻을 전달하기 위해 여기저기 기웃거리며 알아들을 사람을 찾아 헤매고 다니기도 하고 생전에 좋아하던 사람에게 붙어서 자신의 뜻대로 조정하려고 한다.

죽어 귀신이 되니 좋았던 일보다는 힘들었거나 서운했던 일만 기억하고 있어서 미움과 원망과 바라는 마음 때문에 산 사람에게 한풀이를 하려고 한다. 살았을 때 물질이 풍부했던 영가는 더욱 그렇다. 그 재산이 다 내 것이라는 거다. 그러니까 자신을 위해 뭔가를 해주기를 바란다.

자신의 이름으로 뭔가 좋은 일을 해서 자신에게 좋은 기운을 보내 주기를 바란다. 그러나 못 알아차리고 그냥 가지고 있다보면 점점 줄어들기 마련이다. 어떻게든 빼앗아가기 때문이다.

집안에 누군가 돌아가시고 난 뒤부터 망하는 것은 이와 같은 경우가 많다. 영가 이름으로 좋은 일을 하든지, 영가를 위해서 뭔가를 해주지 않는 한 영가가 내 것이라고 가져가겠다고 마음 먹으면 어쩔 수 없이 다 나가게 되어 있다.

그러나 우리는 원인이 뭔지를 알지 못하고 해결 방법을 찾을 수 없어 고스란히 당하고 살 수 밖에 없다. 귀신의 존재를 알지 못하고 알려 줘도 안 믿기 때문이다. 특히 가족관계가 복잡한 사람은 더욱 그러하다. 그들은 가슴에 맺힌 응어리가 단단하여 좀처럼 풀려고 하지 않는다. 그러나 그 마음이 풀어지면 모든 일이 순조롭게 해결이 된다. 방해자가 협력자가 되기 때문이다.

어느 큰 절에서 있었던 일이다.

젊은 아가씨가 교통사고로 갑자기 세상을 떠나자 재를 지내게 되었다.

부모는 애통한 마음에 옷은 물론이고 침구류까지 새 걸로 전부 사 와서 시집갈 때 가져갈 물건으로 생각하고 다 가지고 가라면서 울먹였다. 재를 마지막으로 영가가 가져가라고 어지간한 물건은 다 태웠지만 이부자리는 태우기도 곤란하고 버리기는 아깝고 해서 그 절에 작은 스님께서 자신이 쓰려고 방으로 가지고 가셨단다.

그날 밤 그 아가씨가 꿈에 나타나 자기 것이라고 달라고 하더란다. 스님은 비록 영가 물건이지만 스님이 사용하면 좋은 기운이 영가에게 갈 수가 있어서 영가에게 좋은 일이라고 설명을 하시니 알았다고 고개를 끄덕이며 가더라고 하신다.

만약 스님께서 설득을 못 하셨다면 그 영가는 자신의 물건을 찾기 위해 늘 와서 달라고 재촉하며 머물고 괴롭혔을 것이다.

이와 같이 비록 작은 이부자리 하나라도 내꺼라는 애착을 가지고 찾으러 오는데 자신이 일구어 놓은 재산이 많을 경우는 말할 필요가 없다.

이처럼 우리들이 살아가면서 받는 고통들의 대다수가 영가 장애라고 한다면 얼마나 수긍을 할까? 실제로 도움을 받고 싶다고 찾아오는 사람들은 모두 영적 방해를 받고 있었다. 그들 중에는 영가 장애라는 걸 알고 오시는 분들도 많다.

세상의 이치로는 도저히 이해할 수 없고 있을 수가 없는 일이어서 영적으로 생각할 수 밖에 없다고 했다. 반대로 그런 게 어디 있느냐고 하면서도 고통의 원인을 찾지 못해 결국 포기하는 사람도 있다.

내가 모른다고 없는 게 아니다. 고통이 있을 때는 이유가 있다. 고통이 왜 오는지 알아야 한다. 단지 믿지도 않고 믿으려고도 안 해서 원인을 찾지 못한다. 그 원인을 찾지 못하니 답을 얻을 수 없고 결국 해결을 못할 뿐이다. 하고자 하면 어떻게든 해결할 수가 있다.

그들은 우리를 도와주려고는 하지만 그들을 먼저 도와달라고 한다. 그들은 자신들의 고통을 먼저 알아주기를 바라고, 그 고통이 해결될 때까지 끊임없이 우리에게 알리려고 한다. 그들은 자신의 고통이 너무 커서 우리를 도와줄 여력이 없다.

만약 일주일을 굶었다면 다른 게 눈에 보일까? 오직 먹는 것만 찾게 되고 이유야 어떻든 일단 먹고 보는 것과 같다.

죽을 것 같은 허기를 면해야 먹을 것을 챙겨준 사람에게 감사 인사라도 하게 되지 허겁지겁 먹을 때는 옆에 누가 있는지 보이지도 않는 것과 같은 이치다.

또 당장 허기를 면했다고 힘이 있는 건 아니다.

기운을 차려야 힘이 생기고 감사에 대한 보답을 할 수 있게 된다. 저 세상도 이 세상의 삶의 이치와 똑같다. 당장의 고통이 너무 커서 다른 걸 생각할 힘이 없고 오직 자신의 고통만 알아달라고 하며 자신을 도와달라고 끝없이 요구하게 된다.

살아 있을 때 잘 살아야 한다. 물질이 풍부하게 잘 사는 게 아니라 마음과 정신이 제대로 된 삶을 살아야 한다.

올바른 정신과 올바른 의식을 가지고 바르게 살아야 죽어서 후회가 없다. 이번 생에 어떻게 사느냐에 따라 다음 생이 결정되고 지금 어떤 삶을 사는가를 보면 전생의 삶을 유추할 수 있다. 우리의 삶을 돌이켜보면 별 게 없다. 그런데도 우리는 그게 전부인 양 아등바등 매달려서 정신없이 살아간다.

지금의 삶이란?

무엇을 하고 사는가?

무엇을 하고 있는가?

할 수 있는 게 무엇인가?

실제로는 죽음을 기다리는 것 말고는 없다.

죽는 것 말고는 할 수 있는 게 없다.

죽는 것도 내 마음대로 되는 건 아니다.

이번 생이 끝이 아니다.

지금 제대로 된 삶을 살아야 다음 생에는 더 나은 삶을 살 수가 있다. 어제 굶었다고 내일도 굶어야 하는가?

어제 굶었으면 오늘은 일을 해서 내일은 밥을 먹을 수 있도록 노력을 해야 한다. 아무것도 안 하면서 내일 먹을 수 있는 방법은 없다. 오늘 뭐라도 해야 내일은 조금이라도 나은 삶을 살 수 있다. 그런데 노력도 안 하면서 나는 왜 이렇게 사느냐고 원망하고 포기하면서 부모 탓을 하거나 남의 탓만 한다.

내 탓이다.

내가 그렇게 살았기 때문에 지금 이렇게 살고 있다.

물론 나타나는 시기는 다를 수 있다. 이번 생에 지어서 바로 받는 사람도 있고, 지난 생에 지었지만 몇 번의 생이 지나야 나타나는 경우도 있다.

일한 일당을 오늘 받기도 하지만 형편에 따라 며칠 뒤에 받기도 하고 한꺼번에 받을 수도 있고, 오늘 죄를 지었지만 벌을 받는 것은 그 자리에서 받기도 하지만 재판 절차를 거쳐 시간이 걸릴 수도 있다.

얽히고설킨 인연에 따라 맞춰서 나타나기 때문이다.

같은 부모 밑에 같이 자란 자녀가 왜 그리도 다른 삶을 살아갈까? 심지어는 일란성 쌍둥이도 성격부터 사는 방식까지 확연히 차이가 난다. 비록 쌍둥이라고 해도 각각의 영혼이 있으니 다르게 사는 건 당연한 이야기다.

쌍둥이는 한날한시에 같이 죽어서 쌍둥이로 태어난다고 한다. 원래 아기는 삼신할머니가 지켜주고 20세까지는 부모 공덕으로 살며, 20세 후부터는 본인 복으로 살아간다. 내가 어떻게 사느냐에 따라 모든 건 달라진다.

모든 사람에게는 각각의 영혼이 있다. 그 영혼이 다르기에 다다른 삶과 다른 길을 걸어간다. 그 영혼이 가진 영성과 그릇과 역할과 마음에 따라 모든 게 달라진다.

살면서 가진 삶의 의식이 고착화되어 살아 있는 동안에도 바꾸기가 어렵지만 죽어서는 바뀌기가 더욱 힘들다. 그 영혼이 가진 의식이 죽어서도 그대로 나타나기 때문이다. 그래서 살아 있을 때 바른 마음 바른 생각으로 살지 않으면 죽어서도 다음 생도 고통을 받을 수 밖에 없다.

전생에 물에 빠져 죽은 적이 있는 사람은 물만 보면 무서워한다. 비록 자신은 기억을 못 하지만 영혼은 전생을 기억하고 그때의 고통을 떠올려서 두려워하는 것이다.

귀신은 있다.

그들은 우리에게 자신이 왔다는 걸 알리기도 하지만 안개에 옷이 젖듯 우리가 모르게 슬며시 스며들어와 숨어 있기도 한다.

그들이 우리 몸에 숨어 들어와 자리를 잡으면 그 자리에 딱딱한 덩어리가 잡히거나 미역 줄기 같은 줄이 생기기도 하고, 몸에 유독 찬 부위가 생기고, 이렇게 시간이 지나면 병이 오기도 한다.

사람에게 병이 오는 원인은 크게 세 가지로 나눌 수 있다.

첫째 지수화풍의 불균형 즉 생활 습관이나 음식 문제로 생긴 병, 둘째 전생의 업으로 인한 병, 셋째 귀신으로 인한 병이 있다.

우리 몸은 자연에서 왔다. 그래서 자연에서 난 걸 먹는다.

첫 번째 이유로 오는 병은 병원에 가거나 약으로 나을 수 있지만 두 번째, 세 번째 병은 세상의 의약으로는 해결할 수가 없다.

몸이 아픈 건 원인이 있기 때문이다.

병이 나으려면 어떤 마음으로 어떻게 하느냐에 달렸다.

모든 영혼은 사연이 있다.

귀신이 머리에 있으면 뇌졸중이 오기도 하고, 눈이 뻑뻑한 사람은 눈에 자잘한 영이 많으며 무당이 보면 신을 받으라고 하기도 한다. 눈에 있는 영들이 세상 구경을 하려고 나와 있어서 이런저런 것들을 잘 보기 때문이다. 잡영이 많으면 눈이 따갑기도 하다.

귀신이 목에 있으면 갑상선 장애로 나타나기도 하고 목소리가 이상하게 변하기도 하며 목을 조른다거나 목도리를 감고 있는 듯한 기분이 들어서 헛기침을 하거나 소리를 내어 목을 틔우려고 하기도 한다.

가슴에 있으면 가슴이 답답하고 쓰리고 아픈 증세가 나타나기도 하며, 어깨, 날개 죽지, 뒷골이 땡기고, 허리 디스크 4, 5번이나 꼬리뼈, 무릎에 이상이 생기거나, 비염, 아토피, 안구 건조증, 물혹, 암에 걸린 사람은 그 부위에 영가가 붙어 있었다.

얼굴이 잘 붓거나 배가 부른 사람은 잡영이 많이 붙어 있었고

배가 유난히 부른 사람을 보면 배가 나온 신이 있거나 배에 기운이 많았다.

살이 많이 찐 사람은 잡영이 많고 살이 퍼석퍼석하며 지나치게 마른 사람에게는 신이 있었다.

특히 명치 끝은 귀신이 가장 잘 붙는 자리다. 초상집에 갔다가 토사곽란을 일으키는 경우가 있다. 그럴 때 옛날 어른들은 객귀가 들었다고 했다. 객귀를 쫓아내지 못하면 죽기도 했지만 쫓아내면 씻은 듯이 낫기도 했다.

가끔 담이 붙었다고 할 때도 마찬가지다. 담이 들었다는 것은 귀신이 붙었다는 거다. 병원에 가거나 침을 맞으면 귀신이 안 나가려고 자리를 옮겨가며 돌아다닌다.

누구나 한 번쯤은 경험해보지 않았을까?

한 번 담이 들면 여기저기 옮겨 다닌다는 것을…

또 골반은 연꽃으로 치면 진흙밭이라 영양이 많다. 그만큼 귀신이 많이 모이는 곳이다. 자궁에 영가가 있으면 합방이 안되거나, 남여를 떨어져 있게 하고 자식을 못 가지게도 한다.

남자도 마찬가지다. 생식기에 붙어 있어서 소변보기를 힘들어하기도 하고 다리나 골반이 아픈 사람은 유산시킨 아기 영가가 붙어 있기도 하다. 그 수자령도 업이 많아서 못 태어난 것이지만 수만 마리의 정자가 경쟁을 뚫고 태아가 됐는데 유산을 시키니 악을 품고 방해를 하는 경우다.

출산 후유증이 있는 사람이나 생리 때도 마찬가지다. 아이를 낳은 후나 생리 때 피 냄새를 맡고 귀신들이 모여든다. 젊은 에너지로 이겨내면 괜찮아지지만 못 이기면 후유증을 앓을 수 밖에 없다. 출산 후에는 정신적으로나 육체적으로 급격한 변화를 겪기 때문에 몸과 마음이 약해져서 이겨내지를 못하기 때문이다. 여자들에게 귀신이 많은 이유 중 하나이기도 하다.

보통 남자는 위에 많이 붙어 있었고 여자는 자궁에 많이 붙어 있었다. 그들을 냄새로 알 수도 있다. 고춧가루, 신나, 향냄새가 나기도 하고, 물에 빠져 죽은 귀신은 썩은 하수구 냄새가 나고, 불에 타 죽은 귀신은 누린내가 나며 총, 칼로 죽은 이는 피비린내가 난다.

약물이나 음독자살을 한 영가는 신트림 냄새나 고린내가 나고, 교통사고로 죽은 영가는 단내가 난다.

목매 죽은 영가는 똥 냄새나 오줌 지린내가 나고, 수자령(낙태)이나 아기 영가는 젖비린내가 나며, 복상사한 귀신은 밤꽃이 썩는 듯한 시큼한 냄새가 나고, 늘 돈을 갈망하며 말만 하면 '돈 돈' 하는 사람 중에 쿰쿰한 냄새가 나는 사람은 거지영가가 들어 있었다.

간혹 머리를 만져보면 유난히 물렁물렁한 사람이 있다. 이런 사람은 뇌졸중을 조심해야 한다.

우수에 젖은 눈을 가진 사람은 슬픈 영가가 붙어 있어서 하는 일이 잘 안 되고 집에 문제가 있으며, 눈동자가 위로 붙은 사람은 부모 속을 많이 썩이고, 눈동자가 유별나게 새까만 사람이나 흰자위가 많은 사람은 눈에 영가가 붙어 있었다.

죽은 무당이 몸에 들어오면 귀신이 보이고 하는 행동이 달라지며, 귀신이 보이다가 안 보이다가를 반복하면서 실제로 점집을 차리지는 않아도 반무당 일을 하고 다닌다.

또 귀에 전기 흐를 때 날 듯한 소리가 들린다면 귀신의 소리를 듣는 거다. 사람마다 들리는 소리가 다양하다. 전기 흐르는 소리, 맥박 뛰는 소리, 웅웅거리는 소리 등등…

특정한 장소에서 특이한 소리를 듣는 사람도 있다. 물론 다른 사람은 못 듣고 혼자만 듣는다.

실제 소리가 나서 들리는 게 아니라면 귀신이 내는 소리를 듣는 거다. 소리를 듣는 사람들은 누구나 다 귀에서 소리가 나는 것 아니냐고 묻는다. 그렇지 않다. 아무 소리도 안 들려야 정상이다. 실제로 나는 소리 말고 다른 소리가 들린다면 귀신이 내는 소리라는 걸 염두에 둬야 한다.

또 윤회 과정에서 검객이거나 장군이었던 그들이 드러났을 때 목을 많이 자른 살인 업을 받으면 생김새가 마치 목 없는 두꺼비를 연상하게 되고, 팔을 많이 잘랐다면 팔이 아프기도 하고 팔 힘을 못 쓰는 과보를 받기도 한다.

이들은 병원에 간다고 낫지 않는다.

머리나 목 위로 나타나는 병을 하늘 병, 배꼽 위로는 도덕 병, 배꼽 아래로는 물이나 쓰레기를 함부로 해서 오는 땅의 병으로 구분하기도 한다.

우리에게 귀신의 존재를 알리는 또 다른 한 가지는 가위눌림이다. 가위눌린다고 할 때는 그전에 이미 여러 가지 형태로 우리에게 그들의 뜻을 알렸지만 우리가 알아차리지를 못하고 있으면 이런 일이 일어나기도 한다. 꿈인지 생시인지 모르는 상태에서 생생하게 느끼는 압박감은 우리를 고통스럽게 하며 대부분 가위눌렸다고 한 후로 안 좋은 일이 일어났다.

앞으로 안 좋은 일이 일어날 거라고 미리 알려주는 경우도 있고 말을 안 들으니 이제부터 괴롭히겠다고 경고를 하는 걸 수도 있다. 가위눌리는 것이 의식은 있으나 몸이 말을 안 듣는 경우라면 반대로 아무 의식없이 돌아다니다가 아침에 일어나 보면 발에 흙이 묻어있는데 자신은 돌아다닌 기억이 없는 경우도 있다.

귀신에게 홀려 돌아다닐 때는 옆에서 아무리 부르고 잡아도 소용이 없다. 이미 귀신이 귀와 눈을 막아놓고 마음대로 데리고 다니기 때문에 정작 본인은 아무것도 알지 못한다.

왜 밤에만 다닐까?

귀신이 움직이는 시간은 밤이라는 걸 잊으면 안 된다. 이처럼 그들은 다양한 방법으로 우리에게 자신을 알리고자 한다. 무시하기 때문에 모를 뿐이다.

귀신은 음이다.

음은 어둡고 차다. 귀신은 언제나 어두침침하고 습하고 서늘한 곳을 좋아한다. 밝은 태양 아래서 귀신을 봤다는 사람은 드물다. 해 질 녘이나 부슬부슬 비가 내릴 때 봤다는 사람은 많다.

그만큼 습하고 어두운 곳을 좋아한다.

또 귀신은 조용한 곳을 좋아한다. 귀신이 나타났다는 곳을 보면 폐가나 외진 곳에 있는 집들이 많다. 대체로 귀신들은 쇳소리나 시끄러운 곳을 싫어한다. 그래서 쇳소리가 나는 일을 하는 사람은 귀신의 방해를 덜 받는 편이다.

그러나 요즘 귀신들은 꼭 그렇지만은 않다. 시끄러운 나이트클럽에서 신나게 놀고 왔다는 영가도 있었다. 이들은 세상의 젊은이와 똑같은 생활을 하고 있었다. 또 지하철이나 술집 주위에는 아이 영가가 많이 있었다.

귀신들은 음기를 먹고 산다.

음기는 화, 우울, 짜증, 슬픔, 미움, 원망, 시기, 질투 등 부정적 감정들이다. 부정적 감정을 일으킬 때마다 나의 영적 에너지는 줄어들고 귀신이 힘을 얻는다. 귀신이 힘을 얻으면 얻을수록 내 생각이나 의지는 오간 데가 없고 차츰 귀신의 뜻에 따라 귀신의 종이 되어간다.

귀신이 하자는 대로 결정하고 귀신이 하고 싶은 대로 하게 된다. 그러나 정작 나는 귀신에 의해 좌우되는 게 아니라 내가 한다고 생각한다.

아주 서서히 귀신에게 자리를 뺏기기 때문에 내 영혼을 밀어내고 귀신이 차지해 나가는 걸 나 자신이 알아차리지를 못한다.

이처럼 우리 육신은 껍데기에 불과하다. 어떤 영혼이 드러나는가에 따라 사람이 달라진다. 다 큰 어른에게 아기 영혼이 나오면 안 먹던 사탕이나 과자를 좋아하고 목소리나 말투도 애기처럼 하며 유치원생 꼬마가 영감 짓을 한다든가, 여태 싫어하던 햄버거를 딸이 죽은 후에 갑자기 맛있다고 사 먹는 아버지도 있고 (딸 생각이 나서 일부러 사 먹는 게 아니라 원래 좋아했다고 말하면서…) 할머니 영혼이 나오면 허리가 구부정해지고 힘이 없으며 잔소리가 많아진다. 젊은 남자가 나오면 비록 예순이 넘은 여자라도 20kg 쌀자루를 가볍게 들고 경사길을 쉽게 올라가며 무거운 물건도 곧잘 움직이고, 젊은 여자가 나오면 웃음소리나 치장하는 게 달라지고, 화장을 짙게 하던 영가가 나오면 평소에는 안 하던 화장을 지나치게 하고, 오랫동안 담배를 피우던 영가가 나오면 담배 냄새가 나기도 한다.

또 계절 앓이를 하던 영가가 나오면 그 계절만 되면 사람이 이상해진다. 봄만 되면 이상한 짓을 한다든가 평소에 잘 다니지도 않던 사람이 여름만 되면 어딘가로 헤매고 다닌다든지...

평소에는 관심도 없던 것에 쓸데없는 욕심을 부리기도 하고, 누가 봐도 쓰레기에 불과한 물건을 주워다가 모아놓기도 하고, 돌이나 쇠 같은 차가운 물건을 자꾸 쌓아두는 사람도 있고, 오래된 물건이라면 무조건 챙기는 사람도 있다.

어딘가에 쓰임이 있을 물건도 아니고 어떤 추억이 있는 것도 아닌데 아무리 버리라고 해도 말을 안 듣고 보이는 대로 주워 모은다. 아무리 산더미처럼 쌓아둔다고 해도 어디에 무엇을 어떻게 됬는지 정확하게 기억하고 찾아내기에 모르게 버리면 난리가 난다. 큰 돌이나 오래된 나무에는 대부분 신이 붙어 있다.

특히 예술가들은 그에 맞는 신이 있을 때가 많다. 창작 작업을 하면서 아무 실마리도 못 잡고 있다가 갑자기 모든 걸 해내는 경우는 내면에 있던 그분이 드러났을 때가 많다. 실제로는 작업을 해놓고도 어떻게 했는지 모를 때도 있다.

겉으로는 자신이 했지만 실제로는 그분이 하셨기에 자신은 어떻게 했는지 알지 못한다. 그분이 해놓은 걸 자신이 마무리할 뿐이다.

신과 하나가 되어 알고 작업하는 사람도 있지만 모르고 하는 사람도 있다. 또 고위직(판검사, 국회의원)에 있는 분들은 타고난 기운이 강해서 영적 방해를 덜 받는 편이다.

기가 세면 아우라가 크고 두꺼워서 잡영이 함부로 접근을 못 한다. 물론 다 그렇다는 건 아니다. 어떤 경우에도 정해진 건 없다. 자신을 들여다보는 사람은 가끔 말한다.

내 속에 내가 아닌 누군가가 있는 것 같다고 또는 이중적인 성격을 가지고 있다고도 말한다.

33세인 체육과를 졸업한 건장한 청년이 자기 안에 여자가 있는 것 같다고 말하면서 가끔 자신이 여성스럽다고 느낄 때가 있다고 하며, 28세의 이쁘고 매력적인 여성이 내면에 자라지 못한 아이가 있는 것 같다고 말한다. 자라지 못한 아이가 아니라 어린애 영가가 있는 걸 느끼는 거다.

평소에는 말이 없고 순한 사람이 아무것도 아닌 일에 난폭하게 변한다든가 한 번도 한 적 없는 이상한 단어를 쓰며 욕을 한다든가 술만 먹으면 이해할 수 없는 행동을 한다든가 눈이 완전 뒤집어져 눈빛이 이상하게 변한다든가 어린 여자아이가 아무 죄의식 없이 아무하고나 성관계를 갖는다든지…

내 속에 어떤 영혼이 나오는가에 따라 나의 말과 생각이 판이하게 달라질 뿐만 아니라 얼굴 생김새 말투 행동 등 모든 게 달라진다. 스스로 생각해도 이해할 수 없는 말과 행동을 한 적이 있다면 그게 나인지 그분인지 냉정하게 바라볼 필요가 있다.

귀신이 있으면 의심이 많다.

순수하게 있는 그대로를 받아들이지 못하고 항상 부정적이고 삐딱하며 아무것도 아닌 일에도 짜증과 신경질을 부리고 이랬다 저랬다 변덕이 심하다. 또 한 사람의 몸에 여러 명의 귀신이 나오기도 한다.

물에 빠져 죽은 시아버지 영가가 나오면 춥다고 부들부들 떨면서 입술이 새파랗게 변하고 몸이 얼음처럼 차가우며, 위암으로 죽은 시동생이 나오면 배가 아프다면서 배를 움켜쥐고 고통을 호소하기도 하고, 교통사고로 죽은 친정 동생이 나오면 온몸이 아프다고 일어나 앉지도 못하고 어디에 있든 자꾸 드러눕고, 딸이 불쌍해서 갈 길을 못 가는 친정엄마가 나오면 아무나 붙잡고 살려달라고 눈물을 흘리며 하소연한다.

갈 길을 못가고 있는 영가들 때문에 정작 본인은 고통 속에서 허덕이는데 가족들은 도대체 왜 그러느냐면서 정신 병원에만 보낸다. 병원에서 온갖 검사를 해도 원인을 알 수가 없고 검사상으로는 아무 이상이 없으나 정작 당사자는 너무나 힘들어서 괴로움을 호소한다.

겉으로는 아무 이상이 없는데 당사자는 고통을 호소하니 정신과에서 약을 먹는 것 말고는 해결책을 찾을 수가 없었다.

본인이 사실을 이야기해도 아무도 믿어주지 않고 점점 미쳐간다고만 생각하니 귀신들은 자신의 고통을 덜어주고 도와달라고 찾아오지만 정작 당사자는 오히려 고통 속에서 서서히 죽어가고 있다. 이 사람은 가족들이 귀신의 존재를 인정하고 도와주지 않는 한 정상적인 삶을 살 수가 없고 결국은 정신 병원에 갈 수 밖에 없다.

우리는 영혼이 떠난 육신을 시체라 부른다. 마찬가지로 육신을 버린 영혼을 귀신이라고 한다. 귀신이 산 사람의 마음에 붙으면 빙의라 하고 귀신이 산 사람의 육신에 붙으면 신병이라고 한다. 빙의된 자는 의심이 많고 성격이 변덕스러우며 화를 잘 낸다. 어떤 일을 하든 마무리를 하지 못하고 일을 자꾸 저지르기만 하고, 짜증을 잘 내고 신경질적이며, 매사 부정적이고 영감(촉)이 뛰어나서 자신의 생각이나 말만 옳다고 하고 다른 사람의 생각은 틀렸다고 하며 소통이나 화합이 되지 않는다.

상대방을 쳐다볼 때도 정면으로 바로 보는 게 아니라 곁눈으로 힐끔힐끔 쳐다보며 눈을 보면 정상적인 눈빛이 아닌 걸 볼 수 있다. 또 신병이 있는 사람은 늘 힘이 없고 몸살같이 늘어지며 매사 의욕이 없다. 몸이 굳어지고 살이 많이 찌는 사람도 있고 지나치게 마른 사람도 있다.

혼자서 헛소리를 하기도 하고 실실 헛웃음을 보이기도 하며, 하루종일 잠을 자는 사람도 있고 며칠을 잠을 못 자는 사람도 있다. 같은 말을 한 글자도 다르지 않게 계속해서 반복하기도 하고, 하루종일 누구에겐가 전화해서 똑같은 이야기를 하고 또 한다. 배는 불러서 터질 것 같은데도 뭔가 허해서 자꾸 뭘 먹으려고 하고, 아무것도 안 먹고도 배가 안 고프다면서 안 먹으려 하며, 이유 없이 자주 아프고, 가족이 죽거나 이혼 등의 이유로 혼자 있게 된다. 이처럼 고통이 오거나 큰 병이 와서 힘들게 된다.

신이 있는 사람은 알면서도 올바른 생각이 안 되고 몸이 안 따라주며 의문이나 궁금증이 생기면 순간 참을 수가 없고, 뭐든 하고 싶으면 충동적으로 움직이며, 해야될 일은 아무리 하려 해도 안 해진다.

눈앞에서 보고 있는데도 거짓말을 잘 하고, 언제 그랬냐는 듯이 그런 적이 없다고도 하며 쓸데없는 일에 관심이 많아지고 절제가 안 되며, 한 가지 일에 매여서 벗어나지 못한다. 무언가에 꽂히면 헤어나지를 못하고 계속 그것만 생각하고 다른 일은 하지 못하며 나름의 해결책을 찾지 못하면 그 자리에 그대로 머물러 있다. 신이 주변 사람과의 약속을 못 지키게 하고 신용이 없는 사람을 만들어서 혼자로 만든다.

신병은 업병이다. 업이 있으면 거짓말을 잘한다. 들어있는 영혼에 따라 해야 할 일을 안 해서 생긴 신병인지 업으로 인한 신병인지 구분되기도 한다. 이 사람들은 어떤 일이든 부정적이다. 신병이 와서 그 고통을 견디지를 못하면 신을 받으라고 한다. 신을 받고 싶어서 받았다는 사람도 있지만 대부분 어쩔 수 없어서 받았다고 했다.

자식에게 가겠다는 신의 협박에 못 이겨서 받았다는 분도 있었고, 차마 자식에게 신을 받게 할 수는 없었다고 하며 울먹였다. 하지만 이런 경우 자식에게는 안 갈지 몰라도 손자 손녀에게는 간다. 결국 내려간다는 거다. 손자 손녀도 내 자식이니까…

어떤 분은 지금 무당일을 하고 있는데도 신이 이미 자식에게 가려 한다고 막을 수가 없겠느냐고 하시는 분도 있었고, 자식에게 안 내려가게 하려고 남편에게는 말을 못하고 일부러 남편과 등을 지고 억지로 이혼한 뒤에 울면서 멀리 이사를 하는 분도 있었다.

일단 신을 받게 되면 집안의 후손이 완전히 끊어지지 않는 한 어느 누구에게라도 내려간다. 이런 신 줄은 대체로 모계로 내려가지만 상황이 여의치 않으면 이런저런 걸 가리지 않고 무조건 내려간다.

줄에도 여러 가지 종류가 있다.

칠성줄, 산신줄, 용신줄, 조상줄, 천신줄, 도줄 등…

줄에 따라 나타남이 조금씩은 다르다. 산에 가서는 산왕 대신께 빌고, 물에 가서는 용왕님께 빌고, 칠성당 차려놓고 칠성님께 빌고, 신당이나 신줏단지 모셔놓고 빌기도 한다. 각각이 타고난 인연에 따라 정성을 들인다. 이런 집 후손들은 대부분 신끼가 심하다.

이런 집 후손들은 꿈이 잘 맞고 꿈을 자주 꾸며 무속인이 많이 나온다. 꿈을 꾸면 일어날 일을 미리 알려주기도 하지만 내면에서 속이기도 한다. 처음에는 신이 자신을 믿게 하려고 정확하게 예견을 해주기도 하지만 결국은 자신의 말을 잘 듣게 만들기 위해 속이기도 한다. 꿈에 현혹되면 안 된다.

세상살이도 마찬가지다. 술주정뱅이 아버지 밑에 알코올 중독자가 나오고 할머니가 두 분인 집은 윗대도 할머니가 두 분이었다. 아들 낳다 죽은 시어머니에게는 며느리도 아들만 낳아두고 죽든지 나가버리든지 하며 바람피우는 아버지를 보고 자신은 절대 그렇게 안 살겠다던 아들이 아무도 모르게 두집 살림을 하고, 폭행을 일삼던 아버지 밑에 깡패 아들이 나오고, 노름하는 어른을 보고 자란 자식은 도박에 빠져 허우적거린다.

매 맞는 엄마를 보던 자식은 같은 길을 걷고 있었고, 과붓집에 과부 난다는 옛말도 있다. 이렇게 세상살이에서도 줄을 탄다고 한다. 왜 줄을 타는지를 알아야 한다. 알아야 줄을 끊을 수 있다. 아무리 줄을 끊어주고 싶어도 원인을 모르면 끊어 줄 수가 없다.

그러나 알고자 하면 알 수가 있다. 대부분 말로는 끊고 싶다고 하면서 막상 끊으려는 노력은 하지 않는다. 끊으려는 노력 없이는 끊을 수가 없다. 고통 없이는 아무것도 얻을 수가 없다.

애벌레가 죽어야 나비가 되듯이 완전히 바뀌어야 한다. 애벌레는 아무리 발버둥쳐도 나비가 될 수 없다. 애벌레가 죽어 허물을 벗어야만 나비가 될 수 있다.

또한 신을 받는다고 끝이 아니다. 신과의 소통을 위해 그들 나름의 공부를 해야 한다. 신은 자신의 말을 얼마나 잘 듣는지 알아보기 위해 끊임없이 시험을 해본다. 높은 데서 뛰어내리라고도 하고 밤에 여기저기를 데리고 다니기도 하며 욕심이 얼마나 많은지도 시험한다. 이렇게 신들은 자신이 원하는 모습으로 만들기 위해 끝없이 시험하고 혹독하게 가르친다. 이 과정들이 결코 쉽지는 않다.

또 신을 모셔놓고 제대로 대접하지 않으면 매를 맞기도 한다. 신들은 모시는 사람이 얼마나 정성들여 기도하는가에 따라 그 힘이 달라지기 때문에 모셔놓고 기도를 하지 않으면 몸을 아프게 해서라도 알리려고 한다.

그러나 개인의 삶을 생각하면 절대 신을 받으면 안 된다. 신을 한 번 받으면 나의 다음 생도 내 자식도 또 똑같이 살게 된다. 과거 전생에 받고 살았기에 이번 생에도 받는 것이다.

이번 생에 끊어야 한다. 세상살이에서든 신이든 줄을 끊어야 한다. 받는 것도 힘들지만 끊는 건 더욱 힘이 든다.

운명을 바꾸는 일이 쉽다면 누가 이렇게 살 것인가? 그렇다고 안 되는 건 아니다. 바꿀 수 있다.

사주(태어난 년, 월, 일, 시)는 못 바꾸지만 팔자는 바꿀 수 있다고 한다. 보통 역술가들이 말할 때는 족상(발)·수상(손)·관상(얼굴)·사주(생년월일)·심상(마음)의 순이라고 한다. 타고난 사주보다 더 많은 부분을 좌우하는 게 마음이다.

결국 모든 건 어떤 마음으로 어떻게 하느냐에 달렸다. 파도가 밀려오듯 끝없이 밀려오겠지만 하다보면 어느 순간 잔잔해지는 것을 알 수 있다. 그때까지 버티기가 쉽지는 않다. 힘들다고 포기하면 안 된다. 한번 들어온 신은 절대 나가려고 하지 않는다. 그 신을 억지로 내보내는데 쉬울 수가 없다.

암 환자가 감기 환자처럼 해서는 병이 나을 수가 없다. 처음은 어렵고 힘들지만 몇 번만 꺾으면 다음부터는 차츰 쉬워진다. 정해진 프로그램을 바꾸는 일을 쉬울 거라고 생각하는 자체가 잘못된 게 아닐까?

우리는 누구나 각자가 가지고 온 고통양이 있다.

어떤 수녀님이 봉사자들 강연에서 말씀하셨다.

자신이 짊어진 십자가의 무게가 너무나 무거워 하나님께 기도로 호소를 하셨단다. 십자가의 무게를 조금만 덜어주십사하고…벌판에 끝없이 펼쳐진 십자가 중에서 몸에 맞는 걸 찾아보라시는 하나님의 말씀에 따라 수백 수천 개를 짊어져 보고 결정한 십자가가 알고 보니 원래 처음에 자신이 짊어졌던 십자가더라고…

물론 수녀님은 고통이란 감당할 수 있는 만큼만 주는 거니까 충분히 이길 수 있다는 말씀을 하시는 것이었다.

모든 종교는 한 길로 통한다.

교회에서는 안수기도라는 걸 하고 성당은 퇴마 의식을 하며 절에서는 구명시식이란 것이 있다. 우리는 영화나 드라마에서 신부님이 성수나 십자가로 악령을 쫓아내는 의식을 하는 걸 볼 수 있다. 과학을 중시하는 서구 문화에서도 귀신의 존재를 인정한다는 게 아닌가?

악령이라는 게 바로 귀신 아닌가? 옛날부터 현재까지 많은 사람들이 영적 세상을 연구하고 우리의 삶을 개선하고자 노력을 해왔으며 귀신들을 우리에게서 떼어내고자 애써왔다.

귀신의 존재를 알고 인정해야 우리에게서 떼어낼 수가 있다. 알아야 떼어내지 모르면 떼어낼 수가 없다. 더구나 보이지도 않는 존재를 모르고 어떻게 쫓아내겠는가?

신줏단지도 마찬가지다.

처음 신줏단지를 모시게 되면 신이 말을 잘 듣게 하려고 우리의 부탁을 곧잘 들어준다. 그러나 시간이 지나면 우리 입장 같은 건 생각하지 않고 신이 하고 싶은 대로 하려고 한다.

신은 우리가 어떤 일을 당하든 상관하지 않고 우리를 종처럼 부리려고 한다. 오직 신의 마음대로 할 뿐이다. 이렇게 신줏단지가 애물단지로 바뀐다.

귀신은 부피가 없어서 한 단지 안에 수백 수천의 영이 모인다. 귀신이 많으면 되는 일이 없다. 그러므로 내 욕심으로 신줏단지를 함부로 모시면 안 된다. 그렇다고 단지를 없앤다고 귀신이 가는 건 아니다.

귀신들은 그곳을 집으로 알고 가려고 하지 않는다.

처음 신줏단지를 모실 때 모시던 신은 단지를 없애더라도 모시던 사람 주변을 맴돌면서 괴롭히며 고통을 주면서 기회를 엿보다가 다시 신줏단지를 모시게 만든다. 한 번 없애기도 힘든데 다시 모시면 절대 안 된다. 눈앞의 이익에 눈이 어두워 일을 망치는 꼴이 된다. 원력이 높으신 분이 없애거나 제대로 알고 처리를 한다면 다를 수도 있다. 그러나 단순히 단지를 없애는 것으로는 해결이 안 된다.

귀신이 많이 모여 있는 곳에는 신줏단지가 있든지 있었던 곳이었다. 신줏단지도 내려가면 안 된다. 없애야 한다.

단지가 후손에게 내려가면 그 후손은 신끼가 많아지고 고통 속에 허덕이며 결국 신병을 앓게 된다. 단지에 귀신이 계속 모이기 때문이다. 귀신들은 절대 혼자 있지 않는다. 하나가 있으면 다른 귀신들을 불러들이기도 하고 소문을 듣고 모이기도 해서 금방 수백 수천이 된다. 단지에 모시던 신이 갈 데가 없어지면 그 집안 한 사람에게 모이기도 한다.

신들은 절대로 가지 않고 어느 후손에게라도 내려간다. 후손 중에서도 신의 마음에 드는 사람에게 찾아간다. 신은 똑똑하고 일을 잘 할 사람을 찾는다.

자신의 말을 잘 알아듣고 시키는 대로 잘 따를만한 사람을 찾아서 내려간다. 물론 마음에 드는 사람이 없으면 어느 누구에게라도 찾아서 내려간다. 절대로 다른 데 가지 않는다. 그렇게 기회를 엿보며 마음에 드는 후손을 기다린다.

태어날 아기를 점찍어 놓고 기다리기도 한다. 동화나 전설 속에서 요정이 생기지도 않은 아이를 미리 달라고 약속하고 기다리듯이 신들은 태어날 아이를 기다리기도 한다.

신병을 앓는 것과 정식으로 신을 모시는 것과는 판이하게 다르다. 절대로 모시면 안 된다. 귀신이 많이 모이면 신끼, 신병, 신을 받게 되는 악순환이 계속된다.

부적도 있다.

부적이 효과가 없다는 건 아니다. 필요한 일에 사용했다면 바로 없애야 한다. 오래된 부적에도 귀신이 많이 붙어 있었다. 그렇다고 수시로 바꾸면 괜찮다는 게 아니다.

귀신이 있던 자리에는 귀신이 모이게 되어 있다. 자리를 잡은 귀신은 좀처럼 가지 않는다. 귀신이 가까이 있어서 좋을 게 없다.

귀신이 있으면 돈부터 마르게 한다. 그리고 집안에 우환이 자꾸 일어난다.

우리에게 고통을 줘서 그들의 말을 듣게 하기 위해서다. 신이 있는 사람에게 돈이 들어온다면 돈 대신 다른 고통이 생기거나 좋은 일에 쓰라고 준다.

돈 대신 다른 고통이 생기면 그 고통을 해결하기 위해서는 들어온 돈을 써야 하고 좋은 일에 쓰라는 돈을 좋은 일에 사용하지 않으면 더 많은 돈이 나가게 된다. 결국 어떤 이유에서든 신이 있는 사람에게는 돈이 없다. 그러므로 귀신이 가까이 있어서 좋을 게 없다.

이번 생에 우리에게 오는 영가도 있지만 전생에서부터 따라온 영가도 있다. 그들 중에는 어릴 때부터 보고 듣는 사람도 있다.

그들은 비록 몸은 인간으로 왔지만 실제로는 신으로 왔다. 큰 신에게 데려가서 눌러놓는다면 신이 드러나는 걸 늦출 수는 있다.

아직 육신이 어려서 신이 완전히 드러나지는 못했기 때문이다. 아이가 어른 말을 들을 수 밖에 없는 것과 같다. 그러나 잘못 데려가면 아예 드러내 버리는 수도 있어서 조심해야 한다.

어린 신은 안개가 걷어져야 제대로 드러난다. 그 안개를 큰 신이 걷어버릴 수도 있기 때문이다.

몸속에 숨어있던 신들이 드러나기 시작하면 몸살하듯 온몸이 아프고 힘들다. 그들과 나의 파장이 맞지 않기 때문에 몸이 적응을 못 해서 그렇다.

또 종교 단체에 들어가면 눌러지기도 한다. 종교 단체가 형성해 놓은 에너지원을 어린 신이 이길 수 없기 때문이다. 그러나 완전히 드러나 버리면 종교 단체에 가더라도 견디지를 못하고 뛰쳐나온다. 아이가 자라 어른이 되면 능력이 있든 없든 부모나 어른 말은 듣지 않고 자신이 하고 싶은 대로 하는 것과 같은 이치다.

이들은 대부분 무속인이 된다.

신들은 욕심이 많다. 그들은 같은 신끼리 시기 질투도 하고 큰 신이 작은 신을 가두기도 하며 자기들끼리 싸워서 영매 일을 못 하게 방해하기도 한다. 또 시키는 대로 하지 않고 말을 안 들으면 다른 사람 몸에 들어가서 그 일을 할 수밖에 없도록 조정하기도 한다.

신들은 의심이 많아서 말을 잘 듣는지 어떤지 늘 시험해본다. 그래서 신이 있는 사람은 다른 사람을 못 믿고 늘 의심하며 이런저런 짐작으로 마음을 상하게 하고 다투며 소통이 안 된다.

또 한 부류는 보고 듣지는 못해도 촉이 발달하여 영감이 뛰어난 사람이 있다. 그들은 신이 죽을 만큼 고통을 주다가 살려주고 숨통을 조였다 풀었다를 반복하며 자신의 말을 듣게 만든다. 이런 사람들은 종교에 관계되는 용품점이나 종교인이 입는 옷집을 하면 그나마 신이 덜 괴롭힌다. 이렇게 타고난 사람들은 공부를 해야만 바꿀 수 있다. 그냥은 절대 못 바꾼다. 영적 수행만이 바꿀 수 있는 유일한 방법이다.

내가 수행을 해서 영적 에너지가 강해지면 아우라가 커지고 두꺼워지며 그분은 힘을 못 쓰게 된다. 그렇게 되면 그분은 있어도 상관이 없으며 견디지를 못하고 떠나든지 아니면 나에게 협조를 하게 된다.

그들이 떠나는 건 두 가지 경우뿐이다.

신이 나를 버릴 때 그리고 다른 신과 교대를 할 때…

신이 나를 버리면 고통받는다. 아니 비참해진다.

신은 더 이상 있을 이유가 없다는 판단이 서면 버리고 떠나간다. 자신이 원하는 바를 이루지 못하겠다는 결정이 내려지면 냉정하게 버리고 치고 간다. 그렇게 되면 걷잡을 수가 없게 된다.

무속인들의 말로가 평탄하지 못한 건 나이가 들어 더 이상 일을 시킬 수가 없다는 판단이 서면 신이 치고 나가기 때문이다.

어떤 수행자는 자신에게 있는 신이 가겠다고 하자 자신이 공부가 많이 되어 떠나는 줄 착각하고 득도했다고 자랑하고 다니는 걸 본 적이 있다.

공부가 되어 떠나는 게 아니라 도저히 공부가 안되니 버리고 가겠다는 협박을 잘못 알아듣고 착각한 거다. 진짜 떠날 때는 떠난다고 알리지 않는다. 그냥 치고 나간다. 그렇게 되면 비참해진다.

다른 신과 교대를 한다는 것은 진짜 공부가 잘 되어 신이 더 이상 가르칠 게 없다고 판단하고 다음 단계의 신에게 인수인계를 하고 떠나는 것이다. 이런 경우처럼 수행이 되면 아우라가 크고 두꺼워져서 자잘한 영들은 감히 접근조차 못 하게 된다. 어디까지나 내 영혼의 에너지가 강할 때 이야기다. 내가 약하면 어김없이 나타나 마음대로 하려고 한다.

영적 수행을 해야만 한다.

내 영혼이 힘이 세고 완전히 자리 잡으면 그들은 있으나 없으나 상관없다. 몸이 아픈 사람은 종교 단체에 가서 일을 하면 좋아지기도 한다. 종교 단체를 지키는 신이 일을 할 수 있도록 도와주기 때문이다. 몸이 아프면 종교 단체를 위해 일을 하고 싶어도 할 수가 없다. 그래서 일을 할 수 있도록 신이 몸이 안 아프게 만들어준다.

어떤 종교든 그곳을 지키는 신이 있다. 무속인에게도 그 무속인을 지켜주는 신이 있다. 신들은 자기 말을 잘 듣게 하려고 기본적인 생활을 할 수 있게 해준다.

영적인 사람을 잘못 건드리면 다치는 경우가 있다. 그들을 지키는 신이 화를 내어 다치게 만들기 때문이다. 아이들 싸움에 어른이 나서면 그 아이는 어른에게 이길 수 없는 것과 같다.

신을 믿지 않아도 된다. 그러나 무시해서는 안 된다.

아무나 그들을 이길 수 있는 건 아니다. 잘못하면 큰일을 당하기도 한다. 실제로 무속인과 아무것도 아닌 일로 싸운 뒤 불구가 되는 경우도 있었다. 신을 잘못 건드려서 좋을 건 없다.

귀신들은 거짓말을 잘 한다.

원하는 바를 얻기 위해서는 끝까지 거짓말을 한다. 들키기 전에는 절대 바른말을 하지 않고 마지막까지 숨긴다.

20대에 아이를 낳다 죽은 젊은 영가는 언니 몸에 숨어서 팔십이 넘은 할머니 모습으로, 힘이 센 젊은 남자 모습으로 또는 어린아이 모습으로 둔갑을 하며 계속 다른 귀신이 있는 것처럼 거짓말을 하다가 마지막에 스님께서 안 속는다고 호통을 치시며 본모습을 드러내라고 야단을 치시자 들켰다 싶으니까 어쩔 수 없이 본래의 모습을 드러내기도 했다.

속아주면 끝없이 속이고 거짓말을 하고, 모른다 싶으면 마음대로 속이고 장난을 친다.

어떤 수행자는 밤마다 예쁜 여자가 찾아온다고 했다. 그것도 매일 밤 다른 여자가 온다면서 어떻게 그럴 수가 있느냐고 한다. 다른 여자가 아니라 한 귀신이다. 이 귀신은 수행자가 가진 맑은 영기를 빨아먹기 위해 그 수행자가 좋아할 모습으로 나타나 유혹을 한 것이고 그 유혹을 이기지 못한 수행자는 그동안 공부해 놓은 영적 에너지를 귀신에게 매일 밤 빼앗긴 거다.

귀신들은 영기를 빼앗아서 자신의 힘을 키우고 커나간다.

특히 수행자의 맑은 영기는 귀신들에게는 큰 에너지원이 되기에 수행자에게는 언제나 귀신들이 모여든다. 수행자가 가진 가장 약한 부분으로 유혹을 하고 접근해서 수행을 못 하게 방해를 하고 그 기운을 빼앗아간다. 물론 영기뿐만 아니라 산사람의 생기도 빼앗아간다.

이처럼 귀신과 성관계를 하는 것을 귀접이라고 한다. 대부분 귀접이 일어나는 사람은 혼자 사는 사람이 많다. 내면의 욕구가 귀신을 부르기도 하기 때문이다. 물론 다 그렇다는 건 아니다.

각각이 가진 환경과 조건이 다르기에 뭐라고 단정 짓기는 어렵다. 꿈인지 생시인지도 모르는 상태에서 혼자 있을 때 귀접이 일어나기도 하지만 여자의 몸에 남자 귀신이 있으면, 사귀는 남자 몸에 이 귀신이 들어가 성관계를 한다. 사람과 사람이 성관계를 한다고 생각하지만 귀신이 있으면 귀신이 먼저하고 사람에게 비켜준다 귀신들은 걸리는 시간이 짧아서 빨리하고 비킨다.

드물기는 하지만 귀신들이 줄을 서서 기다리며 관계를 하고 사람에게 비켜주기도 한다. 남자에게 여자 귀신이 있을 때도 마찬가지다. 유난히 성적인 걸 밝히는 사람은 섹스 귀신이 있는지 의심해볼 만하다.

또 귀신들끼리 눈이 맞아서 연애를 하기도 한다. 이들은 헤어져도 아쉬워하거나 후회하지 않는다. 사람이 서로 마음에 들어서 만난 게 아니어서 헤어져도 미련도 안타까움도 없다. 귀신들끼리 좋아서 만나고 귀신이 싫어져서 헤어지기 때문이다. 헤어지고 나면 왜 저런 사람을 만났는지 스스로 의아해하기도 한다.

결혼 조건이나 사람은 아무 문제가 없는데 혼사가 이루어지지 않는 경우가 간혹 있다. 연애는 곧잘 하고 다들 호감은 가지는데 결정적인 순간에 성사가 안되는 사람은 혹시 귀신이 장난치는 건 아닌지 한 번쯤 살펴볼 필요가 있다.

남자 몸에 있는 귀신이든 여자 몸에 있는 귀신이든 귀신들은 자기가 차지하고 있는 몸의 주인들이 결혼하기를 원치 않는다. 사랑은 하고 연애는 하지만 결혼은 못 하게 한다.

상대에게 귀신이 있는지 없는지 또는 상대에게 어떤 귀신이 있는지에 따라 귀신이 제 마음대로 할 수 없고 제약을 받기에 못하게 막는 경우가 그것이다.

숙박업소나 유흥업소 주변에는 섹스 귀신들이 많다.

술을 마시기는 했는데 어쩌다 그렇게 됐는지 모른다는 사람들은 귀신에게 못 이겨서 귀신이 하자는 대로 하긴 했는데 자신이 하고도 이해를 못 하고 난감해하는 일이 일어나기도 한다. 그러려고 했던 게 아니었는데 분위기가 그렇게 만들어졌다고 이야기한다.

왜 그렇게 만들어졌을까?

간혹 꿈에 성관계를 했는데 그 후로 몸이 시들시들 아프기 시작했다는 사람이 있다. 이런 경우 귀접을 한 거다. 그리고 그 귀신이 들어와 자리를 잡고 신병이 시작되면서 몸이 아프게 된거다. 귀접을 한 경험이 있는 사람은 자신에게 귀신이 있다는 걸 알아야 한다. 간혹 머물다 떠나기도 하지만 대부분은 머물면서 자리를 잡는다. 또 어떤 장소에만 가면 귀접이 일어나기도 한다.

그 장소에서 혼자 귀접을 할 때는 그 터에 섹스 귀신이 머물러 있어서 누군가 나타나면 귀접을 한다. 그 장소를 벗어나면 그런 일이 없기도 하지만 귀신이 그 사람이 마음에 들면 장소를 떠나 그 사람을 따라가기도 한다.

귀신이 사람을 찾아가기도 하지만 반대로 사람이 귀신을 부르기도 한다. 어떤 여자 영가는 사람이 자꾸 불러내서 귀접을 하자고 한다고 사람을 혼내달라고 부탁하러 오기도 한다.

귀신들끼리 귀접을 할 때는 때와 장소를 가리지 않고 귀접을 하기도 한다. 어떤 경우에도 귀접을 해서 사람에게 좋을 건 하나도 없다.

귀접을 하게 되면 영적으로는 영기를 뺏기지만 육신의 생기도 뺏기기 때문에 기력이 고갈되고 차츰 총기를 잃어 사람이 점점 멍청해져 간다. 남자의 경우 밤마다 꿈에 여자가 나타나 성관계를 하고 사정을 한다면 처음 하루 이틀이야 괜찮겠지만 차츰 체력이 떨어지고 잠이 부족한 것처럼 멍해져서 일상이 힘들어지는 건 자명한 일이다.

밤새도록 성관계를 했다는 사람도 마찬가지다. 사람이 밤새도록 관계를 하지는 못한다. 귀신하고 놀아나는 거다.

이렇게 귀접을 통해 귀신이 씨를 뿌려 사람을 지배해 나간다. 귀신들은 사람들을 전염시켜서 영역을 넓혀 나간다. 저런 사람이 아니었는데 어떤 모임이나 장소에 간 뒤로 이상하게 변했다면 귀신에게 전염됐다고 보면 된다.

한 사람이 귀신에게 잠식됐다면 주변 사람은 쉽게 전염이 된다. 그 귀신에게 압도당하면 서서히 물들어 갈 수 밖에 없다.

간혹 영혼 결혼식에 대한 이야기를 듣는다. 혼기가 찼는데도 결혼을 못 하고 죽은 사람들을 위해 산사람처럼 결혼시키는 걸 말한다. 그런데 이 결혼식도 쉽게 생각하면 안 된다. 여자 영가와 남자 영가가 서로 마음에 들어야 한다. 영가들끼리는 서로 마음에 안 드는데 부모 마음으로 안타까워서 시킨다고 되는 게 아니다. 영혼들도 상대가 자신과 어울리는지 서로 챙겨보고 맞춰본다. 어쩌면 산사람보다 더 따지는지도 모른다.

또 두 영혼이 서로 마음에 든다고 해서 결혼을 하게 되면 산사람과 똑같이 사돈으로서의 격식을 갖춰야 한다. 실제로 조상들끼리 사돈이 되기 때문에 잘못하면 우환이 생기기도 한다. 요즘은 영혼결혼식을 한다는 사람이 잘 없기는 하지만 가능하다면 안 시키는 게 좋다. 없는 인연을 억지로 만들 필요는 없지 않을까?

인연을 만들면 만들수록 풀어야 할 인연이 늘어날 뿐이다. 인연이란 사람과의 관계만을 의미하는 것이 아니다. 무수히 많은 원인과 조건들의 결합을 이름하여 인연이라 표현한다.

귀신들은 육신이 없기에 우리보다 훨씬 똑똑하다.

우리가 생각지도 못한 부분까지 계산에 넣고 우리를 마음대로 부리려 한다. 그들은 똑똑하고 능력이 뛰어난 만큼 욕심이 많다. 그들에게는 가야 할 길이 있다는 걸 알려주고 갈 수 있게 도와줘야 한다. 그들이 가지 않고 우리 곁에 머무는 이상 우리도 그들도 힘들 수 밖에 없다. 그들도 우리와 마음이 똑같다. 그러나 그들과 우리의 세상은 반대다.

그들은 우리와 반대라는 걸 알지 못해서 우리를 돕는다는 게 우리에게는 오히려 고통이 된다. 그것을 알게 하고 이해시켜야 한다. 그리고 그들은 그들의 세상으로 가야 한다.

사람은 죽을 때가 되면 두려워한다. 죄를 지었으니 가서 벌을 받는다는 걸 알고 죽음을 두려워한다. 벌 받을 걸 영혼이 먼저 알기에 후손 몸에 숨는다. 죄는 많이 지었고 경찰서는 가기 싫다는거다. 죄지은 영가만 사람 몸에 숨어있다.

이렇게 숨어있으면 습이 되어 잊어버리고 가지 않는다.

죄를 지었으면 벌을 받는 건 당연한 일인데 안 받으려 피하고 숨으면 안 된다. 그런다고 지은 죄가 없어지지 않는다. 언젠가는 받아야 하는데 피하면 가중처벌만 늘어날 뿐이다. 그들은 업에 막혀서 잘못 간다.

저들은 가야 할 길을 몰라 헤매기도 하고, 갑자기 사고로 죽은 영가는 자신이 죽은 줄도 모르고 머물기도 하며, 여기를 저 세상으로 착각하고 있기도 하고, 살았을 때의 한과 착 때문에 못 가고 떠돌기도 한다.

육신을 버린 영혼은 처음에는 자신이 죽었음을 인지하지 못하고 의아해한다. 가족이나 친지에게 말을 걸어보기도 하고 평소 하던 대로 생활을 하다가 차츰 뭔가 다르다는 걸 알고 주변을 살피기 시작한다. 그러다가 영정 사진을 보고 자신이 죽었음을 알게 된다. 죽으면 영정 사진을 세운다는 의식 때문에 사진을 보고 자신이 죽었음을 알게 되는 것이다. 평소 우리가 가지고 있는 의식이 사진을 보고 일깨워 준 거다. 3일 장이나 5일 장을 하는 이유 중 하나가 여기 있지 않았나 한다.

영혼이 자신의 죽음을 인지하는 시간...

옛날 우리의 선조들은 이 모든 것들을 알고 있었던 게 아닐까?

영혼이 육신을 떠난다고 바로 저승으로 가는 건 아니다. 몸을 버린 영혼은 한동안 우리 곁에 머물면서 우리를 바라보고 있다. 간혹 죽었다가 깨어난 사람이 산 사람들의 행동이나 말을 모두 알고 이야기하는 경우가 있다. 마치 같이 있었던 것처럼...

실제로 안 가고 같이 있었다. 그래서 모든 걸 다 아는 거다.

이렇게 한동안 머물다가 때가 되어야 갈 길을 간다. 일반적으로 일주일 정도 우리 곁에 머물다가 떠나간다. 드물기는 하지만 어떤 때는 누군가가 죽은 이의 이름을 간절히 부르면 그 영혼이 떠나지를 못하고 육신으로 돌아오기도 한다.

간절함이 극에 다다라야 가능한 일이다. 물론 아무나 돌아올 수 있는 건 아니다. 영적인 세상에서는 어떤 상황에서도 우리가 생각하는 그런 정해진 답은 없다. 이렇게 우리 주위에는 알 수 없는 일이 너무나 많이 일어난다.

기적은 분명 있다. 내가 모른다고 무시해서는 안 된다. 죽으면 저승사자가 데리러 오기도 하지만 조상이 오기도 한다. 어떤 조상은 저승사자에게 자손을 맡기기 싫다고 직접 데리러 오기도 했다. 조상은 나의 조상이 온다.

예를 들면 여자는 친정 조상이 데리러 온다. 그러나 이것조차 여의치 않으면 혼자서 찾아가야 한다. 누구나 다 저승사자가 오지는 않는다. 저승사자는 데리고 가야 할 영혼이 너무 많아서 개인적으로 찾아오라고 연락을 보내기도 한다. 언제 어디로 나오라고 연락을 받은 영혼은 그곳으로 찾아가야 한다.

망자들이 모이는 집결지가 있다.

마치 버스 노선이 있듯이 몇 시에 어디로 나가야 따라갈 수가 있다. 정해진 시간에 못 가면 따라가지 못하고 낙오되고 만다. 저승사자나 조상이 데리러 와서 같이 갈 때는 문제가 없지만 나와 있으라는 장소를 못 찾고 혼자서 헤매다가 길을 잃고 구천을 떠돌기도 하고 가야 할 시각을 놓쳐서 못 가기도 하며 그들 중

일부는 일부러 집결지로 안 가고 숨기도 한다.

자신의 한과 집착 때문에 안 가는 영혼도 있고 살아 있을 때의 아쉬움과 미련 때문에 못 가는 영혼도 있다. 살아 있을 때 마음과 죽고 난 후 귀신의 마음은 완전히 다르다. 살아 있을 때는 체면이나 자존심이라도 있지만 육신을 버린 귀신들은 욕심이 많고 자기 밖에 모른다.

갈 길을 가지 않고 숨어있던 영가들은 자신이 원하는 바를 이루기 위해 몰래 우리 곁에 다가와서 머무를 곳을 찾는다. 그렇게 숨은 채로 오랜 세월을 같이 있다보면 내 마음인지 그분의 생각인지를 알 수 없게 된다.

또 자살한 영가는 집결지로 못 간다.

천수를 누리지 못했기 때문에 그 나이가 될 때까지 중천에 머물러 있으면서 고통을 받는다. 그렇게 있다보면 가야 한다는 걸 잊어버리고 영원히 갇혀 지내게 된다.

집결지를 알지도 못하고 가야 할 때를 기억하지 못해서 갈려고 해도 갈 수가 없다. 막상 죽고 보니 너무나 고통스러워 자신의 고통을 알리려고 가족이나 지인을 찾아가지만 오히려 친지를 똑같이 자살하게 만든다. 자신이 가진 업과 습이 남아 있어서 그 의식대로, 충동심 그대로 행하기 때문이다.

자살하는 사람에게는 대부분 자살한 영가가 있었다.

자살한 영가는 자신과 똑같은 방법으로 자살하게 만든다. 자살한 영가가 들어와서 죽은 사람은 본마음으로 죽는 게 아니라서 죽고 나면 후회를 하고 원망하며 괴로워한다. 결국 갈 길을 가지 못하고 사람 몸에 들어가 자신의 억울함과 안타까움을 호소하지만 해결하지 못하고 다른 사람을 죽게 만든다.

절대로 그렇게 되어서는 안 된다.

자신의 죽음도 억울한데 다른 사람까지 죽게 만들면 그 죄를 다 어쩔 것인가?

무슨 일이 있어도 자살은 하면 안 된다.

비단 자살한 영가가 있을 때만 그런 게 아니라 사람 몸에 자리 잡고 있는 귀신이 죽은 나이가 되면 대부분의 사람은 그 고비를 넘기지 못하고 귀신에게 못 이겨서 그 나이에 죽고 만다.

집안의 어른들이 돌아가신 나이를 살펴보면 거의 비슷한 나이에 돌아가셨고 사고를 당한 집은 그 나이나 장소 또는 같은 방법으로 사고를 당하는 경우가 바로 그것이다.

독한 사람이나 일찍 죽은 사람은 안 가고 있다. 환갑을 넘기지 못한 사람은 절대 안 가고 중천에 머물러 있다. 이런 귀신들은 집결지로 가지 못하고 구천을 헤매고 다닌다. 그들이 있으니 몸이 아프고 고통받고 산다.

집결지에 모인 망자들은 저승사자를 따라 저승으로 간다. 여기서부터는 저승사자 외에는 아무도 따라가지 못한다. 오직 망자와 저승사자만 갈 수 있다.

결국은 혼자다. 같이 갈 사람은 아무도 없다.

영혼도 육신도 혼자라는 걸 빨리 깨달아야 고통이 없다.

내 영혼만 남는다.

내 영혼은 어디로 가는가?

어떤 영혼은 찰나에 극락에 가기도 하고 어떤 영혼은 저승길이 너무 멀어서 천년 만년이 지나도 갈 길을 가지 못한다.

지고 있는 의식의 무게가 너무 무거워 갈 수가 없다. 의식의 무게를 가볍게 하기 위해서는 자아를 알아야 한다. 자아를 알기 위해서는 마음공부를 해서 내가 가진 의식의 무게를 알고 들어내야만 한다. 무거운 걸 들어내야 가벼워질 수 있다. 공부를 하지 않으면 들어낼 수가 없다.

누구나 혼자 간다.

이렇게 저승사자는 망자를 데리고 가는 역할만 하지 잡으러 가지는 않는다. 생전에 어떤 마음으로 어떤 일을 했느냐에 따라 저승사자의 수도 달라진다.

일반적으로 셋이 나오지만 최고 일곱이 오기도 한다. 드물기는 하지만 저승사자 일곱이 나올 때는 모시러 오는 거라서 일반 망자와는 구분이 된다. 그러므로 지금 어떤 삶을 사는가에 따라 죽어서도 다음 생도 결정되어 간다.

귀신들은 죽었음에도 불구하고 죽는 것과 아픈 것을 싫어한다. 가끔 귀신 뗀다고 매질을 하다가 잘못해서 산사람이 죽었다는 소식을 듣는다.

어떤 분은 실제 칼을 들고 귀신을 위협해서 쫓아내기도 한다. 그만큼 귀신들은 죽음과 아픔을 두려워한다. 그러나 무조건 뗀다고 잘 하는 건 아니다. 잘못 쫓아내면 산 사람이 죽기도 한다.

귀신이 영적 에너지를 다 차지하고 있는 경우에는 내 영혼의 에너지는 너무나 미미해서 귀신을 쫓아내고 나면 내 영혼이 살아내지를 못해서 죽고 만다. 귀신 뗀다고 하다가 죽는 건 이런 경우가 많다.

그들을 억지로 쫓아낼 게 아니라 내 영혼의 힘을 키우고 귀신의 힘을 줄여야 한다. 그렇게 서서히 에너지 이동을 시켜서 내 영혼이 온전히 자리를 잡으면 그분은 힘을 못 쓰기 때문에 있어도 상관이 없으며 나에게서 견디지를 못하고 떠나든지 아니면 나에게 협조를 하게 된다. 무작정 쫓아내는 건 위험한 일이다.

쫓아내야 하는 영도 있고 알에서 부화되어 나오듯 소중히 키워서 드러내야 되는 영도 있다. 본영이 다치지 않게 조심하지 않으면 안 된다. 잘 알고 해야 한다.

뗀다고 다 가는 것도 아니다.

귀신을 떼면 처음에는 모르고 쫓겨나지만 시간이 지나면 몰래 숨어들어와서 다음부터는 아예 몸 밖으로 나와서 기다리고 있다. 밖에서 기다리고 있던 영가는 집으로 가는 길에 다시 들어온다. 그들은 이미 한번 겪어봤기 때문에 미리 알고 대비를 한다.

또 귀신을 떼러 갔다가 오히려 싣고 오는 경우도 있다. 떼주는 사람의 원력이나 들어있는 신의 크기에 따라 잘못하면 더 많이 들어오기도 한다. 신당이나 굿당에서 들어왔다는 영가들도 많았다. 어쨌든 귀신이 많이 있는 곳에 가서 좋을 건 없다.

귀신들은 우리보다 훨씬 똑똑하다.

우리가 어떤 생각을 하고 있는지 먼저 알고 거기에 맞춰 조정하려 한다. 귀신이 스스로 가야 한다는 걸 알고 떠나게 해야 한다. 그러자면 귀신의 의식을 바꿔주든지 내가 바뀌든지 해야 한다. 내가 바뀌면 있을 수가 없다.

그들은 내 환경과 조건에 맞춰서 온다.

살아갈수록 돌아가신 아버지를 닮았다는 아들들이 얼마나 많은가? 같은 자매간에도 유독 엄마와 똑같다고 서로 이야기하기도 하지 않는가? 똑같은 자식이 몇이나 있는데 다른 형제자매를 두고 왜 하필 나일까?

내가 우울하면 우울한 영이 오고, 화를 잘 내면 화내는 영이 오며, 원망하고 미워하면 미움의 영이 오고, 남이 잘되는 걸 배아파하고 시기 질투하면 질투의 신이 오며, 의심이 많고 지레짐작을 하면 의심 많은 귀신이 온다.

술을 잘 먹으면 술 귀신이 오고, 노름을 좋아하면 도박하던 귀신이 붙는다. 잔머리를 잘 굴리고 남의 비위를 잘 맞추면 여우 몸을 받은 귀신이 오기도 하고 매사 거짓말을 하고 이간질을 잘하며 욕심이 많으면 구렁이 몸을 받은 영가가 오기도 한다.

뱀이나 구렁이는 혓바닥이 갈라져 있어서 언제나 두 가지 말을 한다. 거짓말을 하는 건 말 할 것도 없고 이간질만 잘 하는 게 아니라 욕심도 많다.

구렁이 몸을 받은 영가가 있다면 음식도 약간 썩은 듯한 것과 비릿한 것을 좋아하고 싱싱한 재료를 약간 썩게 만들어서 조리를 하기도 한다.

보통 소나 뱀은 조상을 뜻하기도 하지만 그 마음이 어떤가에 따라 영화나 드라마 속에서 보던 여우나 뱀, 구렁이 같은 동물 영이 오기도 한다.

기생 일을 하는 사람을 보면 여우가 있는 경우가 많았다.

가끔은 동물에 조상 영혼이 들어가서 우리 곁에 머물다가 떠나가기도 한다. 개나 고양이 몸에 들어가서 손자가 보고 싶어 가게로 찾아온 할머니, 느닷없이 찾아온 주인 없는 염소에 머물던 엄마 영혼은 불쌍한 아들이 굶지나 않을까 노심초사하다가 자식이 사는 것을 옆에서 지켜보며 마음이 놓이자 갈 길을 가기도 한다.

내가 바뀌어야 한다. 내가 바뀌면 처음에는 들락날락하다가 결국은 견디지를 못하고 나가게 된다. 들락날락해야 나간다. 한 번에 바로 나가는 영가는 없다.

도박을 좋아하는 귀신은 도박을 전혀 안 하는 사람에게는 못 있는다.

술 귀신은 술을 입에도 안 대는 사람에게는 가지를 않는다. 술을 마시고 난 뒤 사람이 완전히 바뀐다면 그 사람에게는 술 귀신이 있다고 보면 된다. 술을 마시면 사람이 이상해질 뿐만 아니라 점까지 치는 사람도 있었다. 이런 사람은 술을 끊지 않으면 해결이 안 된다. 술 귀신을 내보내려면 술을 끊어야 한다.

그들은 내가 그렇기 때문에 나에게 온다. 내가 그들과 다르면 올 수가 없다. 같아야 온다. 그러므로 내가 바뀌면 나에게 있던 영가들은 견디지를 못하고 나가게 된다.

내가 공부가 되어 바뀌면 그들도 갈 길을 가기도 한다. 내가 바뀐 만큼 그들도 바뀌기 때문이다.

나이가 들어서 어쩔 수 없이 바뀌는 건 바뀌는 게 아니다. 공부를 해서 바뀌어야 의식이 바뀐다. 의식이 바뀌지 않는 이상 프로그램을 바꿀 수 없다.

바뀌기가 쉽지는 않다. 바꾸기가 쉽다면 알코올 중독자가 생기지도 않을 것이며 도박을 끊으려고 손을 자르는 기막힌 일이 일어나지도 않을 것이다. 그렇다고 바꿀 수 없는 건 아니다.

낙숫물이 댓돌 뚫는다는 말이 있다.

작고 부드러운 물방울 하나가 크고 단단한 바위도 뚫는다는데 마음만 굳건하다면 못할 게 뭐가 있겠는가?

하면 된다. 핑계와 변명을 대지 말고 하면 된다.

우리는 하기 싫어서 안 하면서 늘 이유를 댄다. 그리고는 스스로를 합리화시킨다. 또 그들은 억지로 보낸다고 가는 게 아니다.

대접을 해주든지 쫓아내면 어쩔 수 없어서 나가지만 의식이 바뀌지 않으면 몰래 다시 들어와 있다.

대부분 천도재나 굿을 한 번만 해주면 그 영가가 갈 길을 가는 줄 안다. 그러나 그들의 의식이 바뀌지 않으면 갔다가도 다시 돌아와 있다. 나에게 있지 못하면 형제자매에게 가기도 하고 조카나 손자에게 가기도 한다.

근본적인 해결이 안 되면 똑같은 일을 반복하다가 해도 그때뿐이고 아무리 해도 소용없더라 하면서 불만을 토로하며 포기하게 된다. 해도 해도 끝이 없다는 말이 이럴 때 나온다.

그래서 의식을 바꿔줘야 한다는 거다.

신의 의식이 바뀌면 선업을 짓게 되고 그러면 몸도 낫고 모든 게 풀려나간다. 영가의 의식이 바뀌어서 갈 길을 가야 끝이 난다.

그들이 우리에게 찾아올 때는 이유가 있다.

이유 없이 오지는 않는다.

이유가 있어서 온 영혼이 그냥 가란다고 가겠는가?

몸에 와 있는 인연들 중에는 나가지 않으려고 온갖 방해를 하기도 한다. 익숙해진 몸과 마음에서 나가기 싫어하기 때문이다. 나가면 또 다른 누군가를 찾아야 하는 데 갈 곳을 찾는 게 쉽지가 않다.

다른 누군가에게 가려면 인연과 이유도 있어야 하고 자신과 비슷해야 있을 수가 있기 때문이다. 전혀 다른 사람에게는 있을 수가 없다. 대부분 영가들에게 나가라고 하면 갈 곳이 없다고 말한다.

갈 곳을 찾았다고 해도 바로 나가는 게 아니라 왔다 갔다를 몇 번이나 반복하다가 도저히 안 되겠다 싶어야 완전히 나간다. 나갔다가도 조금만 틈이 생기면 어느 순간 다시 들어와 자리를 잡고 있다.

완전히 바뀌지 않으면 그 인연은 나갔다 하더라도 비슷한 성격의 다른 인연이 들어와 원래 자리를 차지하고 있는 경우가 많다. 다른 인연이 원래 있던 인연의 흉내를 내면서 진짜인 양 자리를 차지하고 있다. 그들은 우리를 속이기 위해 늘 변신을 한다.

그래서 수행이 필요하다. 스스로 바뀌지 않으면 안 된다. 확실하게 바뀌어야 한다.

굿을 하든 천도재를 지내든 한 번 해서 영가의 의식이 바뀌기는 힘들다. 선생님이 한 번 가르쳐준다고 학생들이 다 알아듣는 건 아니지 않는가?

천도재를 열 번 해서 알아듣는 영가도 있겠지만 백 번을 해도 안 되는 영가도 있다. 업식 때문에 말귀를 못 알아듣기 때문이다. 그런데도 우리는 한 번 해줬는데 왜 또 하라고 하느냐고 의아해한다. 한 번 할 때마다 영가의 의식이 얼마나 바뀌는가에 따라 달라진다.

서울대를 나왔다고 다 잘 가르치는 건 아니다. 고등학교만 나와도 아이의 눈높이에 맞게 잘 가르치는 사람도 있다.

이와 마찬가지다.

오직 수행에만 뜻을 두고 중생의 고통에만 관심이 있는 분이라면 그 원력의 크기는 우리가 감히 상상할 수 없을 정도로 클 수 있다.

집전하시는 분의 원력이라는 건 파출소장에게 일을 맡기느냐 경찰 국장에게 맡기느냐 법무부 장관에게 청탁을 넣느냐에 따라 달라지는 것과 같다. 거기에 어떤 차이가 있는지는 설명하지 않아도 우리 모두 잘 알고 있다.

단지 우리가 무지해서 그런 분을 알아보지 못할 뿐이다. 그 원력의 크기에 따라 영가들이 받아가는 운기가 다르기도 하며 또한 영가들의 의식이 얼마만큼 바뀌는지도 달라진다.

처음에는 말을 들으려고도 하지 않고 자신의 말만 하며 버티다가 차츰 말을 알아듣고 나중에는 가야 한다는 걸 알게 된다.

영가의 의식이 바뀌어 갈 때마다 영가의 고통은 줄어들고 나중에는 고마움을 표시하게 된다.

이렇게 영가들의 마음을 바꾸어놓는 것이 집전하시는 분의 원력이다. 원력에 따라 재물을 아무것도 안 차려도 많이 있다고 알고 간다. 영가는 육신이 없어서 실제 재물이 많고 적음은 모른다. 단지 그 원력의 크기에 따라 많이 차려져 있다고 느끼고 그 운기를 받아간다.

천도재는 그 영혼을 위해서 한다. 산사람을 위해서 하는 게 아니다. 영가는 대접을 안 해주면 못 먹는다.

1년에 한 번 제삿날이 아니면 못 먹는다.

가끔 죽은 이가 배고프다고 나타나는 건 이런 이유 때문이다. 그래서 천도재를 지내면 얻어먹으러 많이 온다. 따라온 영가들도 붙어서 같이 가려고 많이 모여든다.

천도재로 기운을 보내 주면 영혼이 그 에너지를 받아먹고 고통에서 벗어날 수가 있기 때문이다. 그렇게 고통에서 벗어나면 영혼이 감사한 마음에 우리에게 고마움을 표시하게 되고 우리를 도와주게 되는 것이다.

조상이 막혀 있으면 잘 될 수가 없다.

조상의 방해가 없어야 잘 풀린다.

실제로 잘 먹고 잘사는 건 조상이 도와주기 때문이다. 조상이 도와주지 않으면 잘살 수가 없다. 태어날 때 가난한 것은 자기 잘못이 아니지만 죽을 때 못사는 것은 자기 잘못이다.

영가들은 소문을 듣고 찾아온다. 귀신도 귀신끼리 소문을 낸다. 어디에 있는 어떤 분에게 천도재를 지내면 받아가는 기운이 어떻다든가. 어떤 곳에 누구 무속인은 무엇을 잘 한다든가. 누구누구는 소문만 무성하지 별거 아니라든가. 이것도 저것도 못 듣고 있다가 뒷북을 친다든가…

그들도 우리와 사는 게 똑같다.

살아 있을 때의 의식을 그대로 가지고 우리와 같이 살고 있으니 어쩌면 당연한지도 모른다. 그래서 안 가고 여기 머무르고 있는지도 모른다.

죽었는지 살았는지도 망각한 채…

지나가다 남의 집 천도재를 보게 된다면 어떤 분은 남의 천도재에 왜 가느냐고 하지만 조금이라도 영가에 대해 아는 사람은 억지로라도 들러서 영가를 위해 잔이라도 올리고 간다.

천도재에 참석을 하면 나에게 있는 영가들이 다른 영가와 함께 의식 공부도 하고 다른 영가들이 가는 것을 보고 덩달아 따라가기도 하며 가야 한다는 걸 알게 되기도 한다.

집전하시는 분의 원력에 따라 참석한 모든 영가가 다 따라서 갈 길을 가기도 하지만 다른 영가들을 따라나선다고 다 갈 길을 가는 건 아니다.

가다가도 미련과 아쉬움이 남아 돌아오기도 한다. 그러나 다른 영가들을 따라 여러 차례 갈 길을 가다 보면 영가가 가야 할 길을 찾기도 하고 의식이 바뀌어 산 사람을 도와주기도 하고 가야 한다는 걸 알고 가려고 애를 쓰게 된다.

그렇게 자꾸 들락거리다 보면 어느 날 갈 길을 가기도 한다.

그래서 남의 천도재라도 참석하면 할수록 좋다고 한다.

남의 천도재에 참석만 하더라도 조금이나마 영가의 의식이 바뀌어 가는데 직접 그 영가를 위해 해주는 천도재라면 얼마나 많이 바뀔지는 한 번만 생각해 보면 알 수가 있다.

학원에서 무료 강의를 듣는 것과 선생님께 직접 개인 과외를 받는 게 얼마나 다를지는 누구라도 알 수가 있다.

물론 과외를 받는다고 다 잘하는 것도 아니며 무료 강의를 듣는다고 못 하는 게 아니다. 바로 그 영가가 가진 업과 의식 때문이다. 그 업과 의식을 천도재로 닦아주고 바르게 고쳐주는 것이다.

그래서 어떤 선생님이 어떻게 가르치는가에 따라 또 학생이 어느 정도의 능력과 열정을 가졌느냐에 따라 모든 건 달라질 수 밖에 없다.

그러므로 집전하시는 분의 원력에 따라 그 영혼의 업과 공덕에 따라 또 모시는 분의 정성과 기도 힘에 따라 모든 게 달라진다. 다른 사람이 하는 걸 보고 나와 비교하면 안 된다.

모든 상황과 조건이 같은 사람은 아무도 없기 때문이다.

수시로 천도재를 해달라고 괴롭히다가 나중에는 미안해하는 조상도 있고 또 시집 천도재를 지내면 친정에서 해달라고 괴롭히고 친정 천도재를 지내면 시집 조상들이 와서 우리도 해달라고 재촉을 한다.

양가 조상들이 서로 시기 질투를 해서 중재를 하지 않으면 안 될 때도 있고 심지어는 시어머니의 친정 조상들까지 와서 자신들도 해달라고 들썩인다.

귀신들은 욕심이 많아서 자기밖에 모른다.

조상들은 누가 천도재를 지내주는가도 지켜본다. 자식이 부모에게 뭔가를 대접하면 부모는 모든 자식에게 고마워하지는 않는다. 오히려 누구는 뭘 해주고 누구는 뭘 해주고 하면서 비교하며 서운해한다.

이와 똑같은 이치다.

누군가 천도재를 지내주면 누구는 해주는데 너희들은 안 해주느냐고 섭섭해한다. 조상들은 늘 대접받고 싶어 한다. 귀신들은 우리가 어떤 마음을 가지고 있는지 우리 자신보다 더 잘 알고 있다. 내가 어떤 마음으로 어떻게 하느냐에 따라 그들도 나도 바뀐다.

천도재를 지내고 나면 갑자기 온몸의 힘이 다 빠져나간듯 할 때가 있다. 탁기가 한꺼번에 빠져서 힘이 없는 것처럼 느껴진다. 그러나 몸이 굉장히 가벼워진 걸 알 수 있다.

그래서 기도나 천도재를 지내고 나면 다른 데 들리지 말고 집으로 바로 가라고 한다. 좋은 기운을 집으로 가지고 가라는 의미도 있고 탁기를 내보내고 맑은 상태에서 다른 곳에 가서 탁기를 다시 채우지 말고 가볍고 좋은 마음으로 집에 가서 내 에너지를 채우라는 의미도 있다.

수술한 자리는 새 살이 차오를 때까지 오염되지 않도록 조심하는 것이 상식일 것이다. 깨끗하게 씻고 닦아놓은 자리가 더러워지지 않도록 조심하는 게 좋다.

우연히 영적인 분을 만나게 된다면 영가가 나를 데리고 온 거다. 내가 오고 싶은 마음이 들게 해서 그리로 데리고 온다.

그러나 데리고 오는 영가만 있는 게 아니라 못 오게 하는 영가도 있다. 언제나 찬성과 반대가 공존한다.

그 순간 어떤 판단을 하는가에 따라 우리의 삶이 달라져 간다. 지금 이 순간 이렇게 사는 것도 태어나서 지금까지 했던 많은 선택들의 결과이다. 그 선택들이 모여서 현재의 내 모습과 환경들이 만들어져 왔다는 걸 부인할 수는 없을 거다.

이렇게 우리는 매일 매일을 무의미하게 보내고 있지만 실제로는 한순간도 중요하지 않은 때가 없다는 걸 알아야 한다. 그런데도 우리는 순간순간 별 생각없이 결정을 한다.

세상 사람들의 눈을 의식하면서 또는 내 이익만을 생각하면서... 그것이 틀렸다거나 잘못됐다는 게 아니다.

그 한 번의 선택이 삶의 방향을 완전히 바꿀 수도 있기 때문에 하는 말이다. 순간의 선택이 10년을 좌우한다는 광고 문구가 선풍을 일으켰던 적이 있었다.

모두 공감하기에 그랬을 거다.

매 순간 중요하지 않은 때가 없다.

현재! 지금! 이 순간이 가장 중요하다.

이 순간에 최선을 다해야 한다.

이 순간 어떤 마음으로 어떤 결정을 하는가에 따라 모든 게 달라진다. 그 결정들이 모여서 삶의 미래는 물론이고 다음 생에도 영향을 준다.

그래서 우리는 늘 지금 이 순간 내가 누구인가 살펴봐야 한다.

진실로 나인가 아니면 그분이 오셨는지...

귀신들은 그 마음을 본다. 얼마나 진심으로 공을 들이는가에 따라 그들이 받아가는 기운이 다르기 때문이다. 그들은 그 운기에 따라 머무는 곳이 달라지기도 한다.

그들은 우리가 어떤 생각을 하고 있는지 우리 자신보다 더 잘 알기에 그 마음을 이용해서 원하는 바를 얻기도 한다.

어떤 이는 말한다.

가만히 있는데 귀신을 불러내서 일을 만든다고...

과연 그런가? 죽으면 가는 곳이 어딜까?

천당? 지옥?

빠르면 환생을 했든지 아니면 구천을 헤매고 다닐지도 모른다. 천당에 있거나 환생을 했다면 불러낸들 아무 문제가 없을 것이다. 그러나 구천을 헤매고 다니든지 지옥에 있다면 불러주면 얼마나 좋아할까?

지옥이든 중천이든 잠시라도 고통에서 벗어나 쉴 수 있을 테니...

그러니 불러내서 안 좋다는 것은 우리가 마음 편하려고 만들어 낸 자기 합리화에 지나지 않는다. 그렇다고 아무 때나 불러내는 건 안 된다. 초만 켜도 불러낼 수 있다.

그러나 불러만 놓고 어쩔 것인가?

보낼 수가 없다.

올 때는 부르면 오지만 가란다고 가지 않는다. 고통받던 곳으로 돌아갈 영혼이 과연 있을까?

불려 온 귀신들은 보내 줄 때까지 절대로 가지 않는다. 조금이라도 나은 곳으로 가라고 해야 그나마 갈 마음을 먹는다

더구나 좋은 곳으로 보내는 건 더더욱 힘이 든다.

아무나 할 수 있는 일이 아니다.

그래서 이런 일을 하시는 분이 따로 있다.

이런 일을 하시는 분들도 제대로 보내지 못하면 귀신들만 불러모으는 꼴이 된다. 불려 온 귀신들은 보내 줄 때까지 줄을 서서 기다리며 따라 다닌다. 좋은 데 보내 준다고 해놓고 왜 안 보내 주느냐고 괴롭히기도 하고 제대로 보내 주지 않으면 매를 맞기도 한다.

이렇게 귀신을 보내는 일도 바르게 잘 해야 한다. 그곳이 어떤 곳이든 귀신이 많이 있어서 좋을 건 없다. 제대로 대접해서 좋은 마음으로 갈 수 있게 해줘야 한다. 함부로 불러내는 건 위험한 일이다.

어떤 이는 돌아가신 분의 사진을 보며 이야기한다고 한다.

이야기를 하고 있으면 마치 살아 있을 때처럼 느껴져서 좋다고 말한다. 실제로 그 사진 속의 주인공은 안 가고 곁에 있다.

같이 이야기하고 곁에서 먹고 자고 하면서…

그래서는 안 된다.

돌아가신 분은 자신의 갈 길을 가야 한다.

그런데 이렇게 사진을 보고 이야기하고 있으면 가지를 못 한다. 산 사람 마음 편하려고 가야 할 사람을 잡고 하소연하고 안타까워하며 못 가게 잡아놓고 그런 줄 몰랐다고 한다.

산 사람이 죽은 이의 발목을 잡는 꼴이다.

산 자의 어리석음 때문에 죽은 이가 갈 길을 못 가고 구천을 맴돌고 있다가 가야 한다는 걸 잊어버리고 타성에 젖어 지내게 된다. 그러다 시간이 지나면 자식이든 조카든 갈 곳을 찾아 헤매고 다닌다.

마치 노숙자가 그 생활을 버리지 못하는 것처럼…

마음으로 그리워하고 생각하며 눈물짓는 건 안 된다. 그러면 영가가 떠나지를 못하고 곁에 머물게 된다. 그들을 불러내는 건 재를 지내거나 기도로 좋은 기운을 보내 줄 때 말고는 해서는 안 된다. 그들은 그들의 세상으로 가야 한다.

우리는 대부분 내가 직접 경험하지 않은 건 믿지 않는다. 설령 경험했다 하더라도 그냥 그러려니 하면서 흘려버린다. 눈에 보이지 않는다고 없는 건 아니다.

한밤중에 움직이는 올빼미나 호랑이 고양이 같은 짐승들이나 천재지변이 일어나면 안전지대로 먼저 대피하는 동물들을 보면 감각 기관이 우리와 다르다고 한다.

그러나 우리도 알 수 있다. 다만 욕심이 우리의 감각을 가리고 있어서 '인지'를 못할 뿐이다. 과학자들은 인간의 능력이 무궁무진하다고 한다. 과학으로 증명까지 됐다는데 우리는 그냥 그러려니 하면서 살고 있다.

그렇다면 우리가 할 수 있는 게 뭘까?

실제로는 아무것도 할 수 있는 게 없다.

아이가 아파 입원을 해도 그저 바라보기만 할 뿐 아무것도 해줄 수 없다. 대신 아파줄 수도 없고 통증을 대신 덜어줄 수도 없다. 마음만 아플 뿐이다.

어떤 아이들은 공부도 열심히 하고 실제로 잘 하는데도 시험만 치면 머리가 멍해지고 뭔가 꽉 막혀서 아무 생각이 안 난다고 한다. 눈이 침침해서 아예 시험지 글자가 안 보인다는 아이도 있고, 시험 때만 되면 몸이 아프고 문제가 일어난다는 아이도 있다. 왜 그럴까?

영적으로 방해를 받으면 아무 것도 되는 게 없다. 이런 문제를 해결할 수 있는 방법 중에 하나가 기도다.

기도는 거래다.

내가 이만큼 해줄 테니 당신도 이만큼 해달라는 거다. 신들은 그 마음을 보고 거래를 들어준다. 백만 원 가진 이가 내놓는 만 원과 십만 원 가진 이가 내놓는 만 원은 다르다. 겉으로 보기에는 똑같은 만 원이지만 내놓는 마음이 다르다는 거다.

천만 원 가진 이가 십만 원을 내놓고 다른 이는 만 원 내는데 나는 십만 원이나 냈다고 자랑을 하다가는 원하는 만큼 못 받아가기도 한다.

똑같이 냈는데 저 사람은 많이 받고 나는 적게 주느냐고 불만을 토로하지만 실제로는 내 탓이다. 내가 어떤 마음으로 얼마만큼 했느냐에 따라 받아가는 양이 달라진다.

어떤 때는 내가 받아가는 줄도 모르고 받아 갈 때도 있다. 왜냐면 내가 한 줄도 모르고 하는 경우도 있으니까…

순수한 마음으로 한 일은 더 많은 결과물을 주기도 한다. 결과물이 영적인 건지 물질적인 건지를 모를 뿐… 알지도 못하고 알려고도 안 하고 그냥 모르고 받아간다.

어떤 마음으로 어떻게 하느냐에 따라 모든 건 달라진다.

기도는 댓가를 치러야 들어준다.

신들은 그 마음을 보기 때문이다.

처음 기도를 할 때는 이런저런 약속을 한다. 그러다가 막상 일이 성취되면 원래 될 수 있었는데 괜히 약속을 했다고 아까워한다. 그리고는 약속을 지키지 않고 잊어버린다. 그러나 신은 우리가 약속을 지키기를 기다린다.

만약 약속을 지키지 않으면 다음 거래는 우리가 하는 걸 지켜보면서 하는 만큼만 준다. 반대로 제대로 지키고 거래가 완벽하게 끝나면 다음 거래도 쉽게 성사가 된다.

세상살이에서 신용을 얻은 것과 같은 이치다.

기도 덕을 본 사람은 계속해서 기도를 한다.

당연한 이야기다. 기도도 건성으로 해서는 얻을 수 없다.

옆에 전화기를 두고 딴 생각하면서 하는 건 기도가 아니다. 지극 정성으로 해야 얻을 수 있다.

주파수를 정확하게 맞춰야 내가 원하는 바를 이야기할 수가 있다. 주파수가 맞지 않으면 아무리 이야기해도 신이 알아듣지를 못한다. 그 주파수가 바로 나의 정성이다.

간절한 마음과 믿음만이 일을 성취시킨다.

30년을 기도하면서 살았는데 소용없더라고 하시는 분을 봤다. 그러나 그나마 기도를 했기에 그리라도 살았다는 걸 왜 모르는지... 자신이 가지고 온 업과 복 때문이란 걸 알아야 한다.

그분에게 가장 안타까운 건 그것만 넘으면 한꺼번에 바뀔 수 있는데 마지막 계단을 못 넘었다는 것이었다 마지막 한 계단… 쉽지는 않다. 운명을 바꾼다는 것이…

그러나 세상에 공짜는 없다. 더구나 기도 공덕이란 건 절대 없어지지 않는다.

내가 한만큼 받아가게 되어있다.

잘하면 잘한 만큼 못하면 못한 만큼…

어떤 일이든 내가 노력할 때 그 결과가 오는 거지 아무것도 안 한다면 그것조차 얻을 수가 없다. 공부 안 하고 기도만 한다고 성적이 좋을 수는 없다.

열심히 공부하는데 기도를 해주면 방해를 받지 않고 실력대로 나오든지 내가 공부한 부분이 유독 많이 나오든지 하는 거다.

시험 치기 직전에 본 게 다 나왔다고 자랑하는 아이들도 있지 않는가?

어떤 일이든 무엇을 하든 최선을 다해야 한다. 그러면서 방해 받지 않고 좋은 결과가 나오도록 거래를 하는 거다.

얻고자 하는 바를 위해 무엇을 얼마나 내놓았는지 생각해 보라 어떤 마음으로 어떻게 했는지…

실제로 어떤 어머니는 자식을 위해서라면 무엇을 못 하겠느냐고 정말 열심히 기도해 보겠노라고 기도문을 받아가셨는데 다음 날 바로 연락이 왔다. 도저히 못 하겠다고...

기도를 한다는 게 쉬운 일은 아니다.

그러나 진실로 자식을 위하는 게 어떤 걸까?

그냥 돈이나 보태주고 생색이나 내는 게 자식을 위한 걸까?

아니면 방해받고 있는 장애물을 들어내 주는 게 자식을 위한 걸까? 방해를 받고 있는 이상 아무리 돈을 줘도 유지를 못 한다.

그 방해를 풀어주는 게 부모가 해줄 수 있는 일이 아닐까? 그러면서 막상 자식이 잘 안되면 내가 너를 어떻게 키웠는데 하면서 원망을 한다. 냉정하게 생각해보면 나를 위해서 돈을 벌었고 내 마음 편하려고 자식에게 돈을 들였을 뿐이다.

진정으로 위하는 게 어떤 건지 생각해 볼 일이다.

기도를 뭐 때문에 하는지 생각해 보라.

기도는 신성을 받는 거다. 신의 기운을 받는 게 기도다.

사람은 짐승과 신의 중간이라서 인간이라고 한다. 기도를 제대로만 하면 신의 기운을 받을 수가 있다. 그러나 안 믿으면 기도 성취를 할 수가 없다. 믿어야 이루어진다.

오직 선한 마음으로 일념으로 기도해서 신과 내가 하나가 되어야 이루어진다. 모든 건 내가 어떤 마음으로 어떻게 하느냐에 달렸다.

실제로 보이지 않는 세상이 보이는 세상보다 훨씬 더 방대하고 정확하다. 내가 모른다고 무시해서는 안 된다.

어떤 일에도 원인 없는 결과는 없다. 어떤 경우에도 이유는 있다. 단지 내가 모를 뿐이다.

그게 전생의 결과이든 어제의 결과이든…

아기가 태어나서 첫울음은 영이 들어오는 순간이다. 태어나자마자 자지러지게 우는 그 순간에 영이 들어온다.

생명이 태어나면 축복받는다. 그러나 엄밀히 말하자면 탄생이 아니라 윤회일 뿐이다.

기도해서 얻은 자식일수록 닦아줘야 한다. 기도해서 얻은 자식은 원래 기도하던 영혼이 들어오기 때문이다. 이 영혼은 더 닦으려고 오든지 벗어나려고 오기 때문에 기도하고 닦아주지 않으면 안 된다.

이런 자녀는 기도만 제대로 해주면 방해받지 않고 일이 저절로 풀려나간다. 그러나 기도를 해주지 않으면 하는 일마다 막혀서 제대로 되는 일이 없다. 보통 기도를 많이 해서 낳은 자식은 저절로 되는 줄 알지만 절대 그렇지 않다.

기도를 많이 해줘야 좋아진다.

기도를 많이 해주면 많이 해줄수록 좋아진다.

기도를 하면 신장(신)이 지켜주고 키워주고 끌어준다.

원래 공신(천신)은 세상일에 관여할 수가 없다.

그래서 기도할 때만 도와준다.

부모가 아이를 위해 얼마만큼 정성을 들이느냐에 따라 아이의 앞길이 달라지기도 한다. 진심으로 아이가 잘 되기를 바라는 마음으로 간절히 기도해야 한다. 부모 욕심으로 아이가 잘 되기를 바라는 기도를 말하는 게 아니다.

간혹 아이가 잘 되게 하려고 다른 집이나 절에 판다고도 한다. 누구에게 어떤 사람에게 파느냐에 따라 아이가 잘 되고 못되고도 한다.

물론 영향을 안 받는 사람도 있다. 그러나 팔 때는 분명 이유가 있을 거다. 그러므로 파는 것도 잘 가려서 해야 한다. 아무에게나 팔려면 오히려 안 하는 게 낫다.

어떤 부모를 만나느냐에 따라 자식의 삶이 달라지는 건 당연한 것 아닌가?

오죽하면 금수저 흙수저란 말이 나오겠는가?

그쪽 자식이 되면 자식으로서 해야 할 도리를 지켜야 한다. 아무것도 안 하고 그냥 말로만 파는 것은 별 의미가 없다.

보통 절에 많이 파는 이유는 부처님을 호위하는 신장님의 보호를 받기도 하기 때문이다. 그 절을 주관하시는 분의 원력이나 법력에 따라 나타남이 다르기도 하지만 그 절을 지키시는 신장님께서 같이 지켜주시기 때문이다.

또 명이 짧은 사람은 명이 긴 사람 옆에 있으면 명을 이어가기도 한다. 물론 명이 긴 사람의 운기를 바꿔가기 때문에 명이 긴 사람에게는 좋은 일이 아닐 수도 있다.

대체로 억지로 명을 이어가는 사람들을 보면 제대로 된 삶을 살아가지 못하는 경우가 많다. 억지로 명을 이어가다 보니 그 사람의 마음이나 행동에 따라 영혼이 왔다 갔다 하기 때문에 본마음이 아닐 때가 많다.

그러므로 내가 안 좋을 때는 안 좋은 사람을 만나는 건 피하는 게 상책이다. 내가 안 좋을 때 안 좋은 사람 옆에 있으면 고스란히 다 받을 수 밖에 없다. 다행히 내가 안 좋아도 운이 좋은 사람과 같이 있으면 어느 정도 상쇄가 되기도 한다. 물론 어느 쪽이 더 강한가 하는 문제는 있지만…

그런데 안 좋을 때는 꼭 안 좋은 사람과 있게 된다. 안 좋다고 옆에서 이야기를 해줘도 말을 안 듣고 시키는 대로 하지 않는다.

그러고는 나중에 딴소리를 한다. 억지로라도 말려주지 그랬느냐고… 안 좋을 때는 아무리 이야기해도 듣지 않는다. 말을 안 들어야 안 좋을거니까…

운명을 바꾸기가 쉽지는 않다.

또 아기를 안아주면 기를 받고 노인에게는 기를 뺏기게 된다.

아이들의 넘치는 기운은 매일매일 새롭게 생성이 된다. 고아원과 양로원이 같이 있어서 서로를 도운다면 서로에게 좋은 일이다.

사람이 사는 양택과 죽은 자가 묻히는 음택도 기운이 다르다. 집터나 밭은 양이다. 그래서 집터나 밭에 산소를 쓰면 안 된다.

산소는 음인데 양의 기운이 있는 곳에 쓰면 안 좋을 수 밖에 없다. 산소는 산에 있어야 한다.

산소에서 파장이 나오는 기간은 대충 120년에서 150년 정도 된다고 한다. 산소 영향을 안 받는 집도 있지만 심하게 받는 집안도 있다. 재벌이나 정치인들이 산소에 유난히 신경을 쓰는 걸 보면 없다고는 할 수 없을 것이다.

또 왕릉을 보면 양지바른 곳에 있기도 하지만 봉분 가까이에는 나무가 없다. 잔디는 잘 조성되어 있어도 나무는 없는 걸 볼 수 있다. 잔디는 땅 표면으로 퍼지지만 나무뿌리는 땅속으로 뻗어 나가기 때문이다.

이렇게 뻗어 나간 뿌리가 시신을 훼손하기도 하며 그로 인해 안 좋은 일이 일어나기도 한다.

포크레인 작업을 하시던 분의 이야기다. 집터를 고르는데 오래된 봉분이 있더란다. 땅 주인에게 물어보지도 않고 봉분인지 아닌지 확인도 안 하고 계속 작업을 해서 파헤쳤다고 한다. 문제는 그날 이후로 힘이 없어서 아무것도 할 수 없었다고 한다.

평소에 일하는 모습을 보면 누가 봐도 장사라고 이야기할 사람인데 힘이 없어서 자꾸 가라앉는다고 스스로 못 견뎌했다.

특별히 아픈 데가 있는 건 아닌데 온몸에 힘이 하나도 없어서 걷는 것도 귀찮을 지경이라고 하니 모두 의아하게 여겼다. 며칠 동안 병원을 다니고 약을 먹고 해도 소용이 없었고 결국 영적 처리를 하시는 스님을 찾아뵙게 되었다.

산소에 누워있던 할머니 할아버지가 아홉 분이나 그대로 들어와 계시더란다. 더구나 자다가 일어나 비몽사몽 무슨 일인지도 모르는 상태니…

나이든 노인 아홉 분이 자다가 깼다면 무슨 힘이 있겠는가? 자고있는 데 무슨 일이냐고 왜 깨웠느냐고 묻는 어른들을 달래서 보내느라 애를 먹었다는 무용담 아닌 무용담을 들으며 웃었던 적도 있었다.

옛날 어른들이 산소를 함부로 손대지 못하게 할 때는 이유가 있지 않았을까?

간혹 온 집안이 다 문제가 생기는 데 유독 한 사람만 괜찮은 집이 있다. 대체로 보면 그 한 사람은 주위에서 독하다고 평을 받는 사람이 많다.

그러나 자세히 보면 그 사람은 괜찮은지 몰라도 자식은 엉망이 되어 있다. 비켜 가는 집은 아무도 없다.

또 어떤 장소에만 가면 사람이 넘어지는 곳이 있다. 콘크리트 바닥에 아무것도 없는데도 그 자리에만 가면 넘어진다. 또 꼭 같은 장소에서 교통사고가 난다.

항상 사고가 난 자리에서 사고가 일어난다. 그런 곳에는 과거에 묘가 있었거나 귀신이 붙어 있는 경우가 많다. 귀신이 그곳에서 자기 집처럼 지키고 있다가 문제를 일으키기 때문이다.

막혀 있는 건 풀어야 한다.

풀어 줄 수 있는 힘이 기도고 수행이다. 내가 능력이나 힘이 안 되면 종교인의 힘을 빌리기도 한다. 하늘의 천신, 천왕, 옥황상제, 부처님, 예수님, 땅의 왕을 산왕 대신이라 하고, 바다의 왕은 용왕, 집을 지키는 터신이 있다.

용왕재나 산신재를 지내서 잘 먹고 잘살게 해달라고 소원을 빌면 들어준다. 근기에 맞춰서 일반인들에게는 이런 의식이 필요하다.

이런 게 아무 효과가 없고 안 보이는 힘이 없다면 긴 세월 우리 곁에 전해져 오지 않을 것이다. 해보고 효과가 있었기에 지금까지 의식이 남아 있는 것이다.

어떤 식당에 가면 음식은 맛이 있는데도 사람이 안 오는 경우가 있다. 한번 와 본 사람이 맛있다고는 하면서 오지는 않는 건 터신이 문 앞을 막고 있거나 영가가 막고 있을 때가 많다. 반대로 특별한 맛이 있는 건 아닌데 별 생각없이 지나가다가도 들어가고 싶은 곳이 있다.

터신이 불러들이거나 기운에서 사람을 당기기 때문이다. 물론 첫째는 사람들의 기호에 맞게 해야 하지만 귀신들의 방해를 받는지 협조를 받는지에 따라 달라지기도 한다.

사업의 승패는 재력과 능력에만 있는 게 아니라 운도 있어야 한다. 그 운을 좌우하는 게 신의 힘이다.

타고난 재력이 있다고 해도 방해를 받으면 이룰 수가 없다. 물론 방해받지 않는 분도 있다. 그러나 방해받는 사람이 타고난 재력을 다 받으려면 신의 도움을 무시할 수가 없다.

신은 약속을 지킨다. 약속을 깨는 건 언제나 우리들이다.

우리가 약속을 안 지켜서 도움을 못 받는다. 처음 약속을 잊지 않고 지킨다면 제대로 다 받을 수 있다. 그런데 내 잘못은 생각하지 않고 밖에서 이유를 찾는다.

그리고는 '그래도 그렇지' 하면서 원망을 한다.

'그래도 그렇지'는 없다.

잊지 마라.

절대 무시하면 안 된다.

그렇다고 그들의 종이 되면 더욱 안 된다. 보이지 않는 세상은 한 치의 오차도 없이 무서울 정도로 정확하다.

어떤 경우도 공짜는 없다. 모든 것은 내가 한 만큼 받아간다. 내가 잘하면 잘한 만큼 못하면 못한 만큼…

내가 어떤 마음으로 어떻게 했느냐에 따라 모든 건 달라진다.

우리 모두는 영적 진화를 해야 한다.

그냥 이대로 머물러서는 안 된다. 진화하는 과정에서 비켜 갈 수 없는 게 귀신과의 관계다. 그들과는 너무 밀접하게 얽혀있어서 이 과정을 거치지 않고는 진화는커녕 나 자신조차 알 수가 없다. 내면이 진화되어야 고통이 없어진다.

귀신이 있다고 생각하고 나를 보라. 진정 나인지 그분인지…

그렇다고 무서워할 필요는 없다. 그들은 내가 필요해서 왔다.

육신이 없어도 된다면 굳이 우리에게 와서 알아 달라고 뭔가를 해달라고 부탁하지 않을 거다. 육신이 없으면 아무것도 할 수 없기에 해달라는 거다. 그러므로 우리는 그들을 두려워하거나 겁낼 필요가 없다.

실제로는 그들은 우리를 이길 수가 없다. 단지 우리의 욕심과 어리석음 때문에 그들을 바로 보지 못할 뿐이다. 바르게 알지 못하고 무시하기에 이기지 못하고 끌려간다. 우리는 그들이 우리의 뜻에 따라 움직이게 해야 한다. 그들이 아니라 내가 주체가 되어야 한다. 내가 주인이다.

그들은 세상살이로 비교하자면 세입자에 불과하다. 그러나 세입자를 내보낼 때는 줄 것은 주고 받을 건 받아야만 정리가 된다. 그냥은 아무도 안 나간다.

주인과 세입자 간의 합의가 이루어져야 집을 비워준다. 세입자 중에는 자신이 주인 행세를 하며 도리어 갑질을 하는 경우도 많지 않은가?

그들도 마찬가지다. 나가란다고 그냥 나가지 않는다.

그러나 조건과 상황이 갖춰지면 나가게 되어 있다. 그러므로 우리는 주인이 가지는 갑질이 아니라 함께 진화할 수 있는 방법을 찾아서 서로에게 도움이 되어야 한다.

내가 주인이라는 걸 알고 기죽지 말고 정당한 내 자리를 찾자는 거다. 내가 아무리 주인이라도 마음이 여리고 약하면 우습게 보고 건드린다. 내가 힘이 세고 강하면 건드리지 않는다.

욕심이 많고 어리석어서 당한다.

내가 어리석어서 사기꾼에게 당한다.

내가 어리석어서 상대를 사기꾼을 만든다.

내가 당하지 않으면 사기를 칠 수 없고 사기꾼을 만들지 않는다. 내가 탁하니까 그런 일을 당한다. 내가 욕심이 많고 어리석어서 그런 사람을 만난다. 결국 내가 주인인데도 내 것을 지키지 못한다.

내가 주인이다.

힘과 능력을 키워서 스스로를 지켜야 한다. 내가 원하면 이루어진다. 모든 건 마음 먹기에 달렸다. 육신이 있어야 수행도 가능하다.

귀신이 되어 수행을 하면 육신이 있을 때 하는 것보다 엄청나게 많은 시간이 걸린다고 한다. 그래서 수행자들에게도 수행하던 영가들이 있는 경우가 있다.

그들은 육신을 가진 자에게 붙어서 같이 수행하고 같이 '도'를 얻고자 한다. 육신이 있을 때 백 년이 걸려 수행을 했다면 육신이 없으면 천년이 넘게 걸린다고 하니 살아서 못 했던 것을 빨리 이루고자 하는 욕심 때문에 가지를 못 하고 머물게 된다.

그러나 진정한 수행자는 여기 머물지 않는다.

오히려 빨리 몸을 바꾸어 다시 수행하게 되기를 원한다.

결국 어떤 경우에도 우리 곁에 머무는 영가들은 욕심이 많다. 그 욕심 때문에 갈 길을 가지 못하고 구천을 맴돌면서 세상을 어지럽히고 있다.

지금은 귀신들의 세상이다.

아이들은 밤에 잠을 자지 않고 오히려 밤만 되면 눈이 초롱초롱해지고 사람들은 모두 귀신들이 활동하는 밤에 움직인다.

어느 곳이나 귀신이 관여하지 않는 곳이 드물어서 세상은 온통 어지럽고 난잡하고 뒤죽박죽이다. 귀신들이 자기들 마음대로 하려고 하기 때문이다.

과연 어떻게 하는 것이 공존하는 세상을 조화롭게 이루어가는 것인지 연구하고 하나하나 실행해 나가야 한다. 생각이나 관념으로는 세상을 바꿀 수가 없다. 마음을 먹으면 행동으로 옮겨야 한다. 행동이 따르지 않는 생각은 꿈에 지나지 않는다.

꿈은 꿈일 뿐 달라지는 건 아무것도 없다. 꿈속에서 집을 열채를 지어도 내 삶에는 아무 변화가 없다. 생각은 실행으로 옮겨야 한다. 씨앗을 뿌렸으면 싹이 터서 자라야 한다.

싹이 잘 자라도록 물을 주고 가꾸어야 하듯이 조건을 맞추고 거기에 맞는 수행을 해야 한다.

기도와 공부는 다르다. 기도는 원하는 바를 이루기 위해 거래를 하는 것이고 공부는 자연과 내가 하나가 되는 것이다.

우주를 내 가슴에 하나 가득 품는 것이 공부고 내 영혼의 길을 알려고 가는 게 공부다. 공부는 순리를 아는 것이며 내가 지은 죄나 업을 알아 가는 것도 공부요, 욕심을 내려놓는 것도 공부다. 영을 제도하는 공부도 있고 영을 정리하는 공부도 있다.

내가 어떤 길을 가야 하는가 찾는 게 공부며 본영이 나와서 내 길을 가는 것도 공부다.

몸으로 느끼는 공부도 있다.

우리는 보통 좋아하는 사람이 생기면 몸이 먼저 알고 반응을 일으킨다. 또 맛있는 걸 봐도 몸이 먼저 반응한다.

몸을 열어야 몸으로 느낄 수가 있다.

결국은 나를 찾아서 태초로 돌아가는 게 공부다. 귀신이 보이는 사람도 공부하면 바뀐다. 귀신이 보이는 사람은 귀신이 써먹으려고 하기에 하는 일마다 안되고 어떤 일도 막혀서 풀리지 않는다.

이런 사람도 공부하면 바뀔 수 있다. 공부하면 귀신이 보이던 사람도 안 보이게 되고 귀신이 힘을 못 써서 괴롭히지 못한다. 공부를 하게 되면 조상이든 인연 있는 영가든 그들을 도와달라고 나타난다.

윤회하는 동안 쌓아온 인연들 때문에...

그들이 모두 자기 갈 길을 가야 끝난다. 모든 업이 녹아내리고 나면 그때부터 진정한 공부가 시작된다.

우리들은 10년 전이나 10년 후나 삶의 방식이 똑같다. 언제나 정해진 틀 속에서 살고 있다. 이 정해진 틀에서 벗어나는 게 수행이고 공부다. 공부하는 방법은 달라도 결론은 하나다.

'마음'

모든 건 마음 하나에 달렸다.

이 마음 하나 어떻게 가지느냐에 따라 모든 것이 바뀐다. 마음에도 모양 크기 색깔이 있다. 마음이 종지만 하다든가, 통이 크다든가, 속이 시커멓다고 말하기도 한다.

마음을 크게 가지면 온 우주를 품을 수 있지만 옹졸하기로 들면 젖먹이에게도 화를 내고 짜증 내며 싸우고 있다.

그만큼 마음의 여유가 없다.

한 번만 생각해보면 아무것도 아닌 일을 그 순간은 화가 나서 견디지를 못한다. 무엇 때문에 누구 탓이든 간에 내가 깨어 있지 못함이다. 내가 깨어 있어서 화를 내고 있는 나 자신을 쳐다볼 수 있어야 한다. 그래야 이길 수 있고 벗어날 수가 있다.

내가 나 자신을 모르면서 어떻게 상대를 이길 수가 있는가?

더구나 보이지도 않는 귀신을 상대로…

수많은 수행자들이 보이지도 않는 마음을 찾아 수없이 많은 시간을 보낸다. 그런데 마음이 없다는 사람은 아무도 없다.

비록 보이지 않고 들리지 않지만…

자연 그대로의 순수한 마음

생각이나 계산이 들어가지 않은 순수함

아무 걸림이 없는 바람 같은 마음

있는 그대로를 받아들이고

물 흐르듯이 순리대로 흐르는 그 마음

이런 마음이 되기 위해서 수행이 필요하다.

그것은 귀신이 아무리 똑똑해도 이길 수가 없다. 이렇게 되면 귀신이 감히 나에게 범접을 할 수가 없다. 귀신들은 우리가 무엇을 원하고 무엇을 두려워하는지 잘 알고 있다.

그들은 우리의 마음을 나 자신보다 더 잘 알고 있어서 그 마음을 이용한다. 우리는 그들을 절대 이길 수가 없다. 그들을 이길 수 있는 유일한 방법은 순수한 마음뿐이다.

'자비와 사랑' 그것만이 그들을 이길 수 있는 길이다.

자비와 사랑은 남을 위한 마음이다.

자기 자신밖에 모르는 사람은 이 마음을 알 수가 없다.

자비와 사랑은 모든 걸 뛰어넘는다.

끝이 없고 무한히 넘치는 마음

오직 긍정과 사랑, 자비

그것만이 우리를 완성시킨다.

우리는 원래 왔던 길을 돌아가기 위해 왔다.

태초의 나로 돌아가는 길, 끝없이 반복했던 그 길을 다시 되짚어가면서 실수와 실패를 만회하고 나를 다독이며 그동안의 잘못과 아픔을 치유하고 근원적인 나로 돌아가는 이 길만이 나를 찾아가는 길이 아닌가 한다.

태초에 나는 무엇을 하기 위해 태어났는가?

그 목적을 윤회를 거듭하며 안개에 싸여 잊어버리고 그 안개는 윤회를 거듭할수록 두꺼워진다. 윤회를 반복하며 만들어 온 많은 아픔들이 뭉쳐져서 만들어진 나의 그림자...

그들은 나의 일부분이기도 하고 아니기도 하다. 그러나 그들을 나라고 생각하기에 귀신이 있고 유체가 있고 그림자가 있다. 그림자는 나로 인해 생기지만 나는 아니다. 그림자를 잡으려면 본질을 잡아야만 가능하다. 우리는 그 본질은 찾지도 못하고 그림자만 바라보며 따라다닌다.

그림자는 원래의 물체와 연결되어 있다.

그림자의 뿌리를 찾아가면 본질은 당연히 찾을 수가 있는데도 불구하고 오직 그림자만 바라보다 본질은 놓치고 만다. 나를 찾고 나의 본질을 찾아야 한다.

사람은 누구나 영혼이 있다.

우리는 한사람에게 한 영혼이 있다고 알고 있다. 그러나 순수한 내 영혼만 있는 사람이 요즘은 드물다.

말법 시대라고 하는 이유가 여기에 있다.

대부분의 우리에게는 수없이 많은 영혼이 머물고 있다. 조상이든 잡영이든 나의 전생이든... 그들은 그림자의 그림자에 불과하다. 그런데도 우리는 그 그림자의 그림자에게도 이기지 못하고 그들에 의해 삶이 좌우되고 있다.

다시 말해서 우리 영혼의 에너지가 그만큼 약하다는 소리다.

요즘은 본인의 영혼이 없는 사람도 있다. 아예 없다는 것이 아니라 귀신들이 영적 에너지를 다 차지하고 있어서 정작 자신의 영혼은 그들에게 갇혀서 나오지도 못하고 있다.

내 본 영혼이 나와서 본인의 자유의지로 살 수 있어야 한다.

이 자유의지로 몸과 마음이 하나가 되어 내 뜻대로 할 수 있어야 한다. 그러기 위해서는 수행을 할 수 밖에 없다.

수행을 하다보면 지향만 해도 모든 것이 마음대로 이루어진다. 머리로는 결코 할 수 없다.

지식이나 알음알이로는 할 수가 없다. 가슴만이 해낼 수 있다.

선한 마음, 남을 위한 마음만이 모든 걸 이룰 수 있다.

영적인 공부를 한다는 사람들을 보면 대개 자신에게는 귀신이 없고 자신의 본영혼만 있다고 이야기한다. 그러나 그런 사람일수록 빙의가 심하게 된 사람이 많다.

자신의 본 영혼만 있다면 오히려 귀신이 있을 수도 있다고 자신을 관하고 자신의 문제점을 찾으려 애를 쓸 것이다.

혹시 다른 영혼이 들어오지는 않았는지...

혹시 잘난 척하는 건 아닌지...

빙의가 심한 사람일수록 자신은 이미 깨달았다고 이야기한다. 그러나 깨달은 사람은 세상에 나와 깨달았다고 이야기하지 않는다. 오히려 숨어서 세상을 도우려고 한다.

빙의가 심한 사람일수록 남의 이야기는 수긍하지 않고 자신의 말과 뜻만 옳다고 내세우며 우긴다.

관세음보살님을 찾아 평생을 헤매고 다닌 사람 이야기가 있다. 그렇게 찾아다니면서 관세음보살님의 진신과 3년을 살면서도 알아보지 못했다. 간절함에 응답하여 3년을 같이 있어 주셨는데도 끝내 알아보지 못하고 떠나고 난 후에야 알았지만 이미 늦어 버렸다.

이와 같이 자신의 생각에 갇혀서는 어떤 것도 알지 못한다.

울타리를 치면 안과 밖이 생기고 안과 밖은 다르다.

자신이 쳐놓은 울타리 안에서는 울타리 밖의 세상을 알 수가 없다. 마찬가지다. 말로는 깨달을 수가 없다. 경전 공부만으로는 깨달을 수가 없다. 설법을 많이 듣는다고 깨닫는 게 아니다.

성경을 달달 외우고 수없이 많은 경전들을 암기한다고 깨닫는다면 우리 곁에 있는 수많은 학자들은 이미 다 깨달은 자들일 것이다.

그러나 우리는 안다. 그들은 학자일 뿐 깨달은 이가 아니라는 것을... 내용을 해석하고 뜻풀이를 하고 쉽게 설명한다고 깨달은 이가 아니다. 그냥 지식일 뿐이다.

학자는 수행자 앞에서는 한마디도 제대로 하지 못한다. 오직 지식으로 알기에 체험한 사람을 따라갈 수가 없다.

삼천배, 아비라기도, 경전공부한다고 깨닫는 게 아니다.

마음이 따라가야 한다. 깨달은 이는 우리에게 자신을 내세우려 하지 않는다. 단지 우리를 도와주려고만 한다.

실제로는 귀신은 없다.

예를 들면 학교에는 교칙이란 것이 있다.

이 교칙은 학생들을 위한 것이다. 교칙은 학생들에게 적용되지 선생님들에게는 적용되지 않는다. 이와 같이 귀신의 방해를 받는 사람에게는 귀신이 있지만 교사의 위치에 있는 사람은 귀신이 있으나 없으나 상관이 없는 것과 같다.

귀신들은 우리를 도와주려고도 하지만 종처럼 부리려고도 한다. 또 공부시키려고 오는 영가도 있다. 공부시키려고 오는 영가는 대부분 조상들이다. 조상 중에서도 3대(조부모)까지 조상은 일반 잡영들과 같다. 그들은 생전에 우리를 잘 알기에 살아있을 때의 습관처럼 우리를 마음대로 부리려 한다.

후손의 몸에 붙어서 살아서 못 했던 것들을 하려 하며 자신이 하고 싶은 대로 후손을 부리려고 한다.

그러나 5대 이상 조상들은 도움을 주기 위해 왔다가 일이 끝나면 돌아간다.

이들은 대부분 살았을 때 수행을 하시던 분이거나 선업을 지은 분들이다. 세상살이에 도움을 주기 위해 필요에 의해서 내려오기 때문에 사람 몸을 잠시 빌려 쓰고 역할이 끝나면 돌아간다.

3대까지 조상은 우리에게 도움을 받기 위해 오지만 5대 이상 조상은 우리를 도와주기 위해 온다.

공부시키기 위해 오는 조상들은 선비나 장군, 대감 모습을 한 할배와 할매가 있다. 이들은 심부름하는 동자를 데리고 다닌다. 동자는 할배와 할매가 좋아서 따라다니기도 하지만 무서워서 못 가고 잡혀있다고도 한다.

할매와 할배가 자상한 영가도 있지만 엄하고 까다로운 영가도 있기 때문이다. 공부시키려고 온 조상들은 후손 중에서 공부하기 가장 좋은 사람을 찾는다. 공부하는 후손이 여럿이라면 그 중에서 가장 뛰어난 사람을 찾아 도와준다.

그들은 누가 공부를 잘 하는가에 따라 옮겨 다닌다. 그들은 물질을 모르기 때문에 오직 그 마음만 보고 상을 주기도 하고 원하는 대로 따라가지 못하면 벌을 주고 고통을 줘서 자신들이 원하는 길을 가게 만들기도 한다.

공부하는 사람은 풍족하지는 않으나 궁핍하지도 않다. 어떻게든 공부할 수 있게 하늘에서 도와주기 때문이다.

고통받는 것도 여러 종류가 있다.

자신이 지은 업 때문에 살기가 힘들기도 하고 방해를 받아서 고통받기도 한다. 업이 두꺼운 사람은 늘 궁핍하다.

아무리 도와주려고 해도 절대 시키는 대로 하지 않고 자기 고집만 내세운다. 결국 업이 두꺼울수록 고집이 세다.

공부해야 할 사람이 공부를 하지 않아서 받는 고통도 있다. 이들은 올 때 어떤 일을 하고 오겠다고 하늘에 약속을 하고 온다.

그런데 윤회를 거듭하면서 약속은 잊어버리고 세속에 젖어 지내게 된다.

하늘에서는 약속을 지키라고 고통을 준다.

이혼을 하기도 하고, 사람들 사이에서 고립되며 결국에는 몸이 아프게 된다. 사고가 일어나기도 하고 질병에 걸리기도 하고... 사고가 일어날 때는 그나마 경고에 불과하다. 질병이 나타나기 시작하면 되돌리기가 힘이 든다.

공부는 작게는 내 스스로 수행하여 더 나은 삶을 사는 것이지만 크게는 내 주변 사람들을 도와주라는 거다. 한마디로 자비와 사랑이다. 오직 이것만이 우리가 나아갈 궁극적인 목표다.

우리는 누구나 각자가 가진 역할이 있다.

단지 태어날 때 모든 기억을 지우고 오기 때문에 해야 할 역할이 무엇인지 어떤 일을 할지를 모를 뿐이다.

살아온 업식 때문에 하던 대로 또는 주위에서 이끄는 대로 살아간다. 그러다 보니 고통이 온다.

그 고통 때문에 왜 고통이 있는지 찾게 되고, 그 원인을 찾다 보니 약속이 있음을 알게 되고, 약속이 있음을 알게 되면 약속을 지키려고 노력하게 된다.

약속을 지키기 위해 최선의 답을 찾아 노력할 때 길은 열리게 되어있고 저절로 답을 찾아가게 되어 있다.

약속을 지키면 고통은 없어진다. 오히려 일을 잘 하라고 도와준다. 일을 함에 부족한 부분이 있으면 그 부분을 공부하라고 고통을 주기도 한다. 부족한 부분이 채워지고 습득이 되면 그 고통은 사라진다. 우리가 받는 고통이 어디에서 오는 건지 잘 알아야 한다. 업에서 오는 건지, 귀신 때문에 고통받는 건지 아니면 약속을 지키지 않아서 오는 건지를 알아야 한다.

안다고 끝나는 게 아니다. 머리로 알고 행하지 않으면 모르는 것과 같다. 각자가 하늘에 하고 온 약속을 숙제라 한다.

사람은 누구나 가지고 온 숙제가 있다.

숙제는 내가 공부가 되고 조건이 갖춰질 때 나타난다.

물론 훌륭하신 스승을 만나 인도해주시는 대로 따라간다면 더더욱 빠르고 좋겠지만 그런 스승을 만나기가 쉽지 않다.

전생부터 갖고 온 공부와 닦은 공덕에 따라 우리의 능력은 달라진다. 전생에 도를 닦던 사람은 미국에서 태어난다고 해도 교회에 가지 않는다. 전생에 했던 대로 이생에도 하기 때문이다. 전생에 했던 걸 끄집어내야 한다.

가지고 있는 전생 인연을 모두 끄집어내고 정리가 되어야 끝이 난다. 내가 할 일은 세상살이에서는 사소한 일이라도 하늘에서 명을 받아 올 때는 중요한 일이다.

모두가 농부를 우습게 본다면 우리는 밥을 먹을 수가 없는 것과 같은 이치다. 아무리 작은 일도 중요하지 않은 건 없다.

세상에서의 편견과 명예 때문에 작은 일이라고 놓쳐서는 안 된다. 작은 나사가 없으면 큰 기계가 돌아갈 수가 없다. 어떤 경우에도 최선을 다해야 한다.

모든 걸 뛰어넘어 사회에 헌신할 수 있어야 한다.

하늘은 쉽게 우리에게 기회를 주지 않는다. 세상에서는 물질이 중요한데 하늘은 물질에는 관심도 없다. 그러니 두 가지를 병행한다는 건 더욱 힘든 일이다.

하늘 일을 해야 하는 사람은 세상살이가 어렵다.

하늘에서는 세상살이보다 하늘 일을 하라고 하기 때문에 세상살이는 못 하게 막는다. 그렇게 되면 세상에서의 삶은 하는 일마다 막히고 안된다.

그러나 못 알아차리고 버티다 보면 세상에서의 삶은 망가지고 숙제도 못 하게 되어 다음 생에 와서도 또 그렇게 살다가는 걸 반복하게 된다.

우리 아이들이 공부하라고 할 때 안 하고 놀다가 시험 치고 난 후에 야단을 맞고 후회를 하는 것과 같은 이치다. 매를 맞고 야단을 맞기 전에 공부를 했다면 후회도 없고 벌도 없을 것이다. 제때 공부하고 숙제를 했다면 우리의 삶은 문제가 없을 것이다.

그러나 당장의 안락함과 달콤함에 젖어 조금 후에 다가올 일을 잊어버리고 지금 놀면 나중에 후회한다는 걸 알면서도 타성에 젖어 공부를 미루며 살아간다.

숙제를 하지 않고는 끝이 나지 않는다. 숙제를 하면 세상살이도 편하게 할 수 있다. 하늘에서 숙제를 잘 하라고 도와주기 때문이다. 지금의 우리는 숙제가 뭔지를 모르고 산다.

다행히 알게 된다고 해도 그동안 살아온 습과 업 때문에 숙제를 하기가 쉽지 않다. 무작정 하겠다고만 한다고 되는 게 아니다. 조건이 갖추어져야 숙제를 할 수 있기 때문이다.

숫자를 모르는데 덧셈, 뺄셈을 어떻게 할 수 있겠는가?

어떤 이는 공부하기 위해

어떤 이는 공부시키기 위해

어떤 이는 돈을 벌기 위해

어떤 이는 포교를 하기 위해

어떤 이는 음악으로

어떤 이는 트럭운전으로...

각각이 가지고 온 역할과 양이 다르다.

개인의 능력과 그릇의 크기에 따라 다를 수 밖에 없다.

초등학생은 초등학생 수준으로 대학생은 대학생이 할 수 있는 양만큼 해야 한다. 대학생이 초등학생 양만큼 해놓고 많이 했다고 하면 되겠는가? 이런 경우는 해야 할 양이 모자라서 고통이 오기도 한다.

어떤 자리에서 어떤 역할을 맡아서 하더라도 마음은 한결같아야 한다. 물론 공부가 되는 만큼 숙제를 할 수 있다.

공부가 안되면 숙제하기가 힘이 든다. 그러나 공부가 전혀 안되어 있고 공부 자체를 모르는데도 숙제를 해내는 사람도 있다.

영적인 세계는 정해진 법칙이란 게 없다.

아니 어쩌면 너무나 정확해서 하나하나마다 각각 다른 법칙이 적용되는지도 모른다. 우리는 모름지기 공부를 해서 영적 에너지를 쌓아야 한다. 오직 좋은 생각과 긍정적인 마음가짐이 가장 첫 번째 수행이다.

세상을 살면서 어떻게 좋은 생각만 할 수 있느냐고 하지만 그래서 수행이 필요하다. 마음 먹은대로 잘 된다면 수행이라는 과정없이 그냥 하면 된다.

그러나 안되니까 수행을 하는 게 아닌가?

옛 선사들은 길가에 핀 풀 한 포기, 돌멩이 하나도 그 자리에 있는 이유가 있다고 했다.

나는 왜 여기에 있는가?

나는 무엇을 하기 위해 여기에 왔는가?

우리는 자신을 찾고 숙제를 찾아 진화해 나가야 한다.

이 역할과 분량을 찾고 이루어 나가는 게 이 땅에 온 이유 중 하나가 아닐까?

수많은 윤회를 거듭하면서 잃어버린 내 참모습과 내가 해야 할 일을 찾아서 숙제를 마무리하고 원래의 모습으로 돌아갈 때까지 우리는 끝없이 수행을 할 수 밖에 없다.

여기에 글로는 표현할 수 없는 많은 이야기가 있다.

좀 더 깊이 있게 알고 싶으신 분이나 영적으로 궁금한 게 있으신 분은 연락 주시기 바란다.

문의 : 010-8840-1151

귀신
이야기

세상은 세 가지로 이루어져 있어서 세상이다.

세상은 과거·현재·미래, 또는 天(하늘)·地(땅)·人(사람)으로 이루어져 있으며, 사람은 피부·살·뼈, 사업은 자금·능력·운, 달걀은 껍질·흰자·노른자로 만들어져 있다.

세상을 두 가지로 나누기도 한다.

하늘과 땅, 바다와 육지, 해와 달, 선과 악, 동양인과 서양인, 남자와 여자, 양과 음, 또 좋다와 싫다, 안과 밖, 너와 나, 사랑과 미움 등 생명체는 양, 귀신은 음으로 표현한다.

보통 여자들에게 귀신이 많이 있는 건 기운이 같으니까 귀신이 머물기 좋아서이다. 박수보다는 무당이 많은 것도 같은 맥락이다. 시계 방향으로 돌아가는 건 이 세상(오른쪽으로 도는 건 이 세상), 반 시계 방향으로 돌아가는 건 저 세상(왼쪽으로 도는 건 저 세상), 사람에게 와 있는 영가가 드러날 때도 대부분 남자 영가는 왼쪽, 여자 영가는 오른쪽으로 나타난다.

사람에게 들어와 있는 영가는 모두 인연이 있다. 이유 없는 영가는 하나도 없다. 인연이 있으면 받아 주게 되어 있다. 단지 언제적 인연이었는가가 문제다.

윤회를 하면서 기억을 모두 지우고 태어나기 때문에 우리가 모를 뿐이다. 그래서 인연의 고리는 풀어줘야 한다. 그 인연을 푸는 데는 여러 가지 방법이 있다.

그 방법은 개개인의 업식과 가지고 온 그릇에 따라 달라진다. 그러나 어떤 방법을 택하든 수행을 하지 않으면 안 된다.

수행을 하지 않으면 과거 전생의 인연들이 나타나지도 않고 얽히고 설킨 가운데 방해와 장애 속에서 살아갈 수 밖에 없는 것이다. 자력으로는 아무것도 할 수가 없고 오직 타력에 의해 모든 게 좌우된다. 그런데 오랜 세월 몸속에서 같이 살다 보니 타력이 자신인 줄 안다. 영가가 하는 짓을 자신이 하는 일인 줄 알고 사는 게 태반이다.

자신이 하는 게 아니라는 걸 알아차리기도 힘들지만 알게 된다해도 영가를 이기지 못하면 끌려다니게 마련이다. 내 뜻대로 내 마음대로 안 되고 몸과 마음이 따로 논다. 이렇게 우리는 영가들과 함께 살고 있다.

그들은 비록 육신은 없어도 마음은 산사람과 똑같다. 육신이 없기에 오히려 능력은 뛰어나다. 그러나 능력이 뛰어난 만큼 욕심이 많다. 산사람이 어떻든 상관하지 않고 자신의 고통만을 알아달라 한다.

또 자신이 원하는 바를 성취하기 위해 물불을 가리지 않는다. 누군가 알아줄 때까지 온 집안을 헤집고 다니기도 하고, 살아생전에 좋아하던 사람에게 붙어서 자신의 뜻대로 조정하려고 한다. 내 의도와는 상관없이 공의 상태이거나 격렬하게 슬퍼서 울

때 귀신이 잘 들어온다.

신이 오면 자신의 존재를 알리기 위해 어떤 상황을 만든다.

일반적으로 친다고 한다. 서서히 살림을 망하게 하고 그래도 시키는 대로 하지 않으면 몸을 아프게 한다.

그리고 혼자 살게 만든다. 주말부부, 이혼, 각방쓰기 등등...

신도 종류가 많아서 공부해서 중생 제도하게 만들기 위해 수행을 하게 하기도 하고 자신의 뜻대로 써먹으려고 무속인의 길을 가게도 만든다.

이와 같이 현실에서는 이미 인간계와 신계의 벽이 무너져 신계의 영들이 인간 세상에 많이 머물고 있어서 인간들의 세상이 어지럽고 난잡한 일들이 많다. 그래서 지금을 말법 시대라고 한다.

신들이 모두 인간 세상에 들어와 있기 때문이다. 그들 때문에 사람들이 과격해지며 뭐든지 자극적이고 독한 걸 찾게 되며 매사 충동적이고 절제가 안 된다.

공부해서 신의 의식을 바꿔줘야 한다. 신의 의식이 바뀌면 선업을 짓게 되고 그러면 몸도 낫고 모든 게 풀려나간다. 물론 신의 의식을 바꾸는 게 쉽지는 않다. 그러나 안되는 건 없다.

애벌레가 죽으면 나비가 되듯이 공부가 되면 바뀌게 되어 있다. 내가 어떤 마음으로 어떻게 하느냐에 따라 신도 따라 변한다. 단지 내가 마음먹기가 힘들고 행동하기는 더욱 어려워서 신이 바뀌지 않을 뿐이다. 내가 바뀌면 따라서 바뀐다. 또 죽을 때 어떤 마음으로 어떤 의식을 가지고 있었는지에 따라 사후세계도 나의 다음 생도 결정되어 간다.

살아 있을 때 잘 해야 한다. 살아 있는 동안 행동하는 하나하나가 다음 생을 만들어 나가기 때문이다.

지금 이 순간에도 다음 생이 하나씩 하나씩 만들어지고 있다. 귀신이 되어서 후회해도 소용이 없다. 산 사람은 자신의 삶이 바빠 죽은 자의 말을 들어 줄 여유가 없다.

지금 우리는 죽은 자의 하소연을 얼마나 들어주는가?

나부터 바뀌어야 한다. 마음이 안 바뀌어서 귀신이 안 가고 정리가 안 된다. 그 마음이 안 바뀌니까 원래 가지고 온 프로그램대로 살 수 밖에 없다.

내가 가지고 있는 업과 습 때문에… 내가 원래 더러우니까 씻지를 않는 것과 같다. 노숙자나 거리의 부랑자들은 씻으려고 하지 않는다. 그러나 신이 있다고 두려워하거나 매일 필요는 없다. 내가 되면 하늘이 스스로 되게 도와준다.

나는 어디로 갈 것인가?

내가 왜 여기에 있는지, 내가 누구인지…

우리가 걸어가고 있는 길은 너무나 다양하다.

비록 목적지가 같다해도 가는 방법은 각양각색이다.

각자가 좋아하는 대로, 하고 싶은 대로 제각각 다 다르게 간다. 그런데 그 길을 영가와 같이 가야 하는 게 우리의 현실이다.

알고 가는 사람, 모르고 가는 사람, 심지어는 목적지조차 잊은 채 신의 종이 되어 살기도 한다.

우리 모두는 이유가 있어서 할 게 있어서 이 세상에 왔다.

나만 있고 세상은 없다면, 세상은 있고 나는 없다면, 세상이 또는 내가 다르게 보일 수 있다. 나와 세상을 연결시키면 어떻게 보일까?

내가 가야 할 길을 찾다 보니 귀신을 만나게 되었고 귀신에 대해 알고 보니 그들 속에 내가 있고 내 속에 그들이 있었다. 내 속에 그들이 들어오면 내 뜻대로 되지를 않는다.

그들이 있으면 고통을 안 받을 수가 없다. 진정한 참회만이 그 고통을 줄일 수 있다. 그 고통을 줄이려고 신의 종이 되어서는 안 된다. 신의 종이 되면 우선은 고통이 줄어드는 듯하지만 결국은 더 큰 고통 속에 빠져 벗어날 수가 없게 된다.

참회도 근기에 따라 다르다.

사람에 따라 참회도 다르다.

진실로 참회를 하면 나타나게 되어 있고 원인이 무엇인지 알게 되어 있다. 기도를 해본 사람은 누구나 경험을 했을 것이다. 진정한 참회를 하면 눈물이 난다.

며칠을 대성통곡을 하며 눈물을 흘린다. 그 눈물이 나의 눈물인지 그분의 눈물인지…

방해를 이겨야 한다. 그 방해를 이기려면 수없이 많은 눈물을 흘려야 한다. 그걸 넘고 나면 훤하게 열린다.

그와 함께 세상의 사람들이 불쌍하게 보인다.

하늘이 아름답고 땅이 아름답고 얼마나 축복받은 삶인가를 알게 된다. 그들을 내보내려면 수행을 하는 수 밖에 없다. 수행을 해서 내보내지 않으면 우리 자식에게 내려간다. 신이나 줄만 내려가는 게 아니라 복덕도 내려가고 업도 내려간다.

판사 집에 판사 나고 학자 집에 학자 난다.

내가 어떻게 사는가에 따라 자식의 삶도 달라진다. 나에게 있는 귀신들을 정리하지 않으면 그대로 내려간다.

이제는 그들을 알고 그들에게서 벗어나는 길을 찾고자 한다. 실제로는 그들도 우리와 함께 그 길에서 벗어나고 싶어한다. 그러나 우리가 벗어나지 못한다고 생각하기에 그들 마음대로 하려고 온갖 방해를 한다.

기도나 몸 수행을 하면 몸에 있는 탁한 기운이 빠져나가고, 탁기가 나가고 나면 몸이 변하고 마음이나 생각이 변하며 환골탈태가 일어나면서 내 영혼이 깨어난다. 그들을 쫓아내기 위한 기도를 하면 특히 반응이 나타난다.

어떤 분은 밤에 기도를 하고 있는데 주방에서 스텐으로 된 쟁반같은 물건이 떨어지는 소리가 너무 크게 나서 안식구가 부엌에서 뭔가를 하다가 떨어뜨린 줄 알고 혹시 다치지나 않았나 하여 기도를 중단하고 밖으로 나가니 아무도 없고 오히려 부인과 아이들은 방에서 자고 있더라고 한다.

귀신이 기도를 못 하게 하려고 이분에게만 소리를 들려준 거다. 또 기도하고 있는데 귀에다 대고 '시끄럽다 자자! 자자!'라고 하는 귀신도 있고, 한여름에 보일러 돌아가는 소리가 나서 고장 난 줄 알고 나가보니 아무 이상이 없어서 기도 방해를 하는구나 알게 되기도 하고, 몇 년 동안 소식 한번 없던 친구가 기도를 시작하자 갑자기 만나자고 연락이 오기도 하고, 기도만 시작하면 잠이 와서 견디지를 못하다가 기도를 안 하면 오히려 잠이 안 오기도 하며, 밖에서 인기척이 자꾸 나서 기도에 집중을 못 하게 하기도 하고, 등 뒤에 누군가가 서서 지켜보고 있는 듯한 기분이 들어 신경이 거슬러서 자꾸 돌아보게 만들기도 한다.

기도만 하면 중요한 거래처에서 전화가 와서 안 받을 수 없게 만들기도 하고, 멀쩡하던 목이 잠겨서 소리가 안 나오고 자꾸 헛기침이 나고, 갈증이 너무 심해서 물을 먹으려고 중단하게 되기도 하며, 등이 가렵거나 옆구리를 찌르기도 해서 기도에 집중하지 못하게 한다.

이 과정들을 이기지 못하면 귀신들을 내보낼 수가 없다.

너무 잠이 와서 앉아서 못하고 서서 울면서 했다는 사람도 있고, 목소리가 안 나와서 물고기가 입을 벙긋거리듯 한참을 신음소리로 기도했다는 사람도 있으며, 전화기는 아예 꺼놓고 시작하며, 방문 앞에서 자꾸 인기척이 나서 아예 방문을 잠그고 했다는 사람도 있다.

반대로 이런 반응이 일어난다는 건 귀신이 힘들어서 못 하게 한다는 것이므로 기도를 제대로 하고 있다는 증거가 되기도 한다. 기도를 하는데도 아무 반응이 없다면 기도 힘이 약하든지 제대로 못 하고 있는 건 아닌지 자신을 돌아볼 필요가 있다.

기도할 때는 몸도 마음도 깨끗하게 해서 기도해야 한다.

이렇게 기도를 하다보면 눈물, 콧물, 가래(맑은 것, 누런 것)가 덩어리로 빠져나오고 이런 것들이 빠져나오고 나면 탁기가 녹아내리기 시작한다.

더위나 추위를 많이 타는 사람은 탁기가 빠지고 나면 더위나 추위를 훨씬 덜 타게 된다. 몸에 냉기가 있으면 탁기가 많고 아픈 데가 생기고, 몸이 따뜻해지면 병이 없다.

귀신은 차가운 걸 좋아하기 때문이다.

탁기가 있으면 별 것도 아닌 일에 기분이 나쁘고 짜증이 나며 신경질을 부리게 된다. 음기가 많기 때문이다. 이 음기를 없애기 위해서는 웃고 바뀌려고 노력해야 한다. 녹아 나오는 반응도 사람마다 다양하지만 대체로 몸이 가렵다. 겨울에 피부가 건조할 때처럼 이유없이 가려워 긁게 되고, 또 수시로 방귀를 배출하게 되기도 하며, 이유없이 하품을 하기도 한다.

어떤 분은 웅황이나 거울, 동쪽으로 뻗은 복숭아나무 가지나 복숭아나무로 만든 칼을 방에 두면 그들이 싫어한다고 하기도 한다.

그들을 이기기 위해서는 가장 먼저 규칙적인 생활부터 해야 한다.

가능하면 낮에 움직이고 생활하며, 항상 웃고 긍정적인 생각을 하며 좋은 마음 따뜻한 마음 넓은 마음으로 지내야 한다.

슬픈 마음이나 화를 내면 안 된다. 음기는 그들에게 힘을 주는 것이므로 이기기가 힘들어진다. 귀신들도 힘이 있다.

단지 우리가 그들을 인정하지 않는 것뿐이다. 가끔 꿈을 꾸면 일어날 일을 알려주기도 한다.

어떤 분은 꿈에 남편이 어느 호텔 몇 호실에 어떤 여자하고 있는지 보여줘서 시동생하고 갔었는데 너무 정확하게 맞아서 소름이 끼치더라고 하면서 그 후로 잠자는 게 무섭다고 했다.

그러나 꿈은 내면에서 속일 수도 있다. 몇 번을 맞춰서 내가 믿기 시작하면 거짓말을 하고 자기가 원하는 방향으로 만들어 간다.

꼭 확인할 수 없는 일들만 애매하게 거짓말을 해서 내가 착각하게 만든다. 그러나 나는 이미 꿈이 맞다고 믿고 있기 때문에 판단력이 흐려져 오해를 하고 실수를 하게 된다. 그렇게 세상 속에서 외톨이로 만들어 간다.

꿈에 현혹되어서는 안 된다.

귀신은 끝없이 잡고 나를 놓아주지 않으려 한다. 완전히 내가 바뀌지 않는 한 죽을 때까지 끝없이 잡고 있다. 마음이 바뀌어야 한다. 마음이 안 바뀌었는데 내 생각으로 바뀌었다고 착각해서는 안 된다.

생각이나 걱정이 많은 건 귀신이 많아서 그렇다. 내가 고통을 받게 하려고 귀신은 나를 놓아주지 않는다.

고통을 주는 게 귀신의 일이다. 못 벗어나게 만드는 게 귀신의 일이다. 마음이 바뀌어야만 한다.

귀신이 슬프면 나도 슬프다.

귀신을 쫓아내면 안 아프고 슬프지 않다.

가시를 빼야 안 아프다. 참회하고 생각에서 벗어나야 한다.

생각이 형성되고 각인되어 만들어진 거다. 원망하고 남의 탓을 해서는 벗어날 수가 없다. 내가 잘못을 했으니까 죗값을 받는 것이고 업을 받는 거다.

그러나 우리는 내가 지은 죄는 생각하지 않고 억울하다고만 한다.

예를 들어 교통사고를 내고 뺑소니를 쳤다면 우연히 경찰과 마주치기만 해도 불안하고 두려운 마음이 생긴다. 혹시나 하고… 비록 나는 기억을 못 하지만 전생에 지은 죄를 세포는 기억하고 있어서 이유없이 불안하고 두렵게 만든다.

죄를 지었으면 죗값을 받아야 한다.

비록 지금 나타나지만 전생부터 쌓이고 형성이 되어 내려온 것이므로 참회하고 반성해서 선처를 부탁해야 한다.

결국 내가 만들어서 내가 고통받는다. 본질을 알면 벗어날 수 있다.

마음이 바뀌고 체질이 바뀌면 에너지가 모여서 마음 먹은대로 할 수 있고 귀신에게 휘둘리지 않는다.

모든 일은 어떤 마음으로 하느냐가 중요하다.

이제 귀신들의 이야기를 들어보자.

출생

나는 소위 말하는 첩의 자식이다.

엄마는 전남편에게서 아들이 둘 있었고 나이 어린 작은아들만 데리고 아버지와 살고 있었다.

내 나이 여섯 살 때 큰집 식구들이 우리 집으로 찾아 왔고 그 때 형이 다섯 명이나 더 있다는 걸 알게 되었다.

그렇게 몇 년이 지난 후 큰어머니는 암으로 고생하다가 돌아가셨고 우리는 본가로 들어가게 되었다.

아버지는 작은 형을 자신의 소생이 아니라도 자식으로 입적해서 키워주셨고 이미 나이가 많은 다섯 형들과는 큰 문제없이 지냈다.

여섯 형들 사이에서 살다 보니 내 성격은 좋을 수 밖에 없었다. 나이 많은 형들 밑에 막내로 자라다 보니 분위기 파악은 빨랐다.

남에게 싫은 소리도 할 줄 모르고 힘든 일은 앞장서서 하며 우스갯소리도 곧잘 하고 운동을 좋아하고 명랑 쾌활한 성격이 모든 사람들을 기분좋게 만드는 분위기 메이커이기도 했다. 나름 살아남는 방법을 어려서부터 터득했던 듯하다.

남자들만 가득한 집안에서 문제없이 살아가기가 쉬운 일은 아니었다. 조금만 잘못하면 주먹이 오고 가는 건 예사였다.

게다가 가족 구성원은 아버지가 다르든지 어머니가 달랐으니 말 한마디도 실수했다가는 분위기가 험악해질 수 밖에 없었다.

더군다나 나는 막내가 아니던가…

아버지가 다르든지 엄마가 다르든지 내 편은 아무도 없었다.

어느 누구에게도 속을 내놓지는 못했고 겉으로는 항상 웃으면서 살려고 노력했지만 쉬운 일은 아니었다.

그렇게 결혼도 하고 아이도 낳고 평범한 가정을 꾸렸다.

그러나 나에게는 문제가 있었다. 아무리 노력해도 일을 할 수가 없었다. 취직을 하면 그 회사는 꼭 망하든지 멀리 이사를 갔다. 어떤 일자리에서도 내 의사와는 상관없이 일을 할 수 없는 상황이 만들어졌다.

보다 못한 아내가 장사를 하자고 해서 가게를 차리면 멀쩡한 보도블럭을 파헤쳐 사람들이 다니지 않게 되어 장사를 못 하게 된다든가 하다못해 체인점을 인수해도 가까이에 본점에서 운영하는 큰 체인점이 들어온다고 문을 닫으라는 횡포를 당한다든가 하는 일이 생겼다.

그렇다고 게으르다든가 꾀를 부리는 것도 아닌데 도저히 이해할 수가 없었다. 주변 사람들도 안타까워할 정도로 모든 일이 꼬이기만 했다.

다른 분이 도와주려고 하면 그분 일까지 망치게 되어 도움을 받기도 힘들었다.

그저 농담 삼아 복이 이것뿐인 모양이라고 포기하고 살았다. 그러다가 우연히 들린 절에서 기도를 해보라고 하셨다. 생전 해본 적이 없는 기도를 하라 하시니 어쩔 줄을 몰라 하는 나에게 성당에 다니는 아내가 자꾸 한번 해보라고 했다.

거의 모든 일에 무기력하게 늘어지는 내가 안타까운 모양이었다. 아내 보기도 미안하고 뭔가 돌파구를 찾고 싶다는 마음에 하겠다고 했다.

참회 기도를 하라 하시는데 참회가 뭔지 어떻게 하는지도 모르고 그냥 꾸벅꾸벅 절을 하면서 시키시는 대로만 해 나갔다.

뜻도 모르고 의미도 모르지만 왠지 몸도 마음도 가벼워지는 것 같았다.

거의 90일이 다 되어가는 무렵, 기도를 하던 중에 갑자기 눈물이 쏟아져 나왔다. 울면서도 왜 우는지 모르고 통곡을 하고 있었다. 나도 모르게 쏟아지는 눈물에 오열하며 절만 열심히 하고 있었다.

가까스로 기도를 마치고 멍하니 부처님만 쳐다보고 있는데 스님께서 찾으셨다.

눈을 감고 편안한 마음으로 앉아 있으라 하신다.

떠오르는 느낌이나 하고 싶은 말이 있으면 하라 하시지만 무슨 뜻인지도 모르고 그냥 멍하니 눈을 감고 앉아 있었다.

"나오세요~ 안에 계신 분 나오세요~

그만큼 괴롭혔으면 됐으니 이제 갈 길을 가셔야지요~"

갑자기 정신이 번쩍 든다.

'도대체 이게 무슨 말씀이신가?

아니 누구보고 하시는 말씀이시지?'

"처사님은 가만히 계세요. 그냥 아무 생각하지 말고 있으면 됩니다~"

"나오세요~ 다 알고 있습니다. 이제 그만 나오세요~

이 사람이 무슨 죄가 있습니까?

죄가 있다면 부모 잘못 만난 죄밖에 더 있어요?

이제는 놔 주세요~"

"빨리 나오세요~ 빨리!"

빨리 나오라고 말씀하시는 목소리가 점점 커져 갔고 나도 모르게 내 몸이 흔들리고 있었다. 처음에는 가늘게 떨리는가 싶더니 차츰 심하게 흔들리면서 이를 앙다물고 악을 쓰면서 말했다.

"내 가슴에 대못을 박고 피눈물을 흘리게 해놓고 네가 잘 살 줄 알았어? 절대 그럴 수는 없지 절대 안돼!"

'도대체 이게 무슨……'

"그러면 그분한테 가서서 복수를 하셔야지 이 사람이 무슨 죄가 있어요?"

"그 년을 괴롭히려면 이놈을 못살게 해야 돼! 자식이 못살아야 어미 가슴이 아픈 거야! 가만 안 둘 거야! 내 새끼들 가슴에 못을 박아놓고 너희들은 잘 살 거라고? 어림도 없지! 절대 그렇게는 안 돼!"

감정이 격해진 탓인지 부들부들 떨기까지 했다.

머리는 '도대체 내가 왜 이러지?' 하며 정신을 못 차리는데 입에서는 생각지도 못한 말이 쏟아져 나오고 있었다.

"이 사람도 피해자잖아요~

부모 잘못 만나서 어디 마음 놓고 살아 본 적이 한 번이라도 있었겠어요? 엄마 다른 형들이 좋았겠어요? 아버지 다른 형이 챙겨 줬겠어요? 밖에 나가 마음 놓고 집안 이야긴들 할 수 있었겠어요? 평생을 가슴 졸이며 산 사람인데 이제는 그만 놔 주세요~"

갑자기 눈물이 쏟아진다.

왠지 모를 서러움에 울컥하고 북받쳐 올라 소리 내어 울었다.

내가 우는 건지 다른 누군가가 우는 건지 알 수는 없지만 서럽고 원통하고 억울해서 꺼억꺼억 소리내어 울었다

"이 사람도 어머니 자식이잖아요~ 이 사람이 힘들면 이 사람 엄마도 힘들고 이 사람 엄마가 힘들면 어머니 자식들인들 편하겠어요? 그렇게 자식 생각하시는 분이 자식들 힘든 거는 안 보이세요?"

스님께서는 누군가와 끝없는 이야기를 하셨고 달래기도 했다가 나무라기도 했다가 그분의 말이 맞다고도 했다가 야단도 치셨다가를 반복하셨다.

얼마의 시간이 그렇게 지났는지 모르겠지만 속에서 올라오던 독기 같은 마음이 차츰 수그러드는 듯했다.

"이제 어머니도 갈 길을 가셔야지요~ 자식들을 위해서도 여기 계시면 안 됩니다. 가세요. 이제는 가셔야 합니다~"

울음이 잦아들고 마음이 차츰 가라앉았다.

얼마의 시간이 지났을까 스님께서 눈을 뜨라신다.

영문을 몰라 어리둥절해 하는 나에게 스님께서는 돌아가신 큰 어머니가 복수하려고 나한테 온 거라 하신다.

그동안 힘들게 산 이유가 큰어머니 때문이라 하신다.

'어떻게 그럴 수가...'

마음속에서 뭔가 잡고 있던 실이 끊어지는 느낌이었다. 황당

하기도 하고 허망하기도 하고...

기나긴 세월을 '나는 왜 이런가' 원망도 하고 체념도 하면서 살았는데...

나는 왜 이렇게 밖에 못사는지 늘 한탄하면서 자신을 미워하며 살아왔는데...

아이들이나 집사람에게 당당하지 못하고 언제나 주눅들어 살아왔는데...

그래서 그랬구나! 도저히 이해할 수 없던 일들이 그래서 그랬구나!

우리 엄마가 잘못 살았던 건 맞으니 큰어머니를 원망할 수도 없었다. 살아생전에 유독 나를 챙기시던 분이셨다. 그런 분이 나에게 복수하기 위해 와 계셨다는 게 믿어지지 않았다.

병으로 고생하시면서 얼마나 고통스러우셨으면 그러셨을까 싶어 마음이 아팠다. 병석에 오래 누워 계시면서 우리 엄마가 얼마나 미웠을까?

고통 속에 살고 있는 자신의 삶을 얼마나 원망하셨을까? 사람이 한을 품으면 오뉴월에도 서리가 내린다고 했는데... 큰어머니를 생각하면 내 삶은 그래도 견딜 만했다는 생각이 들었다.

내 삶이 힘들었기에 큰어머니에 대한 마음이 더 안타까운지도 모르겠다.

까다롭고 변덕스러운 할머니, 할아버지 병수발도 혼자서 다 하셨고 별나기로는 동네에서 둘째가라면 서러울 우리 아버지 비위도 다 맞추고 사신데다가 작은 집 살림까지...

그 마음이 오죽 하셨을까 싶어 나도 모르게 고개가 푹 떨어졌다. 그동안 큰어머니 생각을 한 번도 안 했다는 게 죄송스러웠다. 다음 날부터 정성을 다해서 기도했다.

'큰어머니, 죄송합니다. 비록 나를 낳아준 엄마가 잘못해서 생긴 일이지만 제가 대신해서 어떤 벌도 달게 받겠습니다. 부디 마음 푸시고 좋은 곳에 환생하십시오.'

나도 모르게 눈물이 쏟아졌다.

큰어머니가 좋은 곳에 가시기를 진심으로 기도했다.

백일기도를 마치고 스님께 인사를 드렸다.

스님께서는 편안하게 가만있으라고 하셨다.

"나오세요~ 어쩌실래요?"

스님께서 부르시자 기다렸다는 듯이 답을 했다.

"고맙습니다! 스님~ 이 사람도 내 자식인데 제가 잘못 생각했습니다. 어미 미운 마음에 다른 걸 보지 못했습니다. 그동안 살아온 세월이 너무 억울해서 복수하고 싶었습니다. 서럽고 원통해서 갈 수가 없었습니다. 이제는 가고자 합니다. 갈 길을 알려주시면 가겠습니다 도와주십시오~"

스님께선 몇 번이나 다짐을 하셨고 큰어머니는 스님께 큰절로 감사 인사를 드리고 꼭 가겠노라고 약속을 하셨다.

큰어머니를 천도재로 보내드리고 나는 늘그막에 직장을 구해서 월급쟁이가 되었다. 아내는 잘 됐다고 하면서도 반신반의하는 듯했고 나 자신조차 믿기지가 않아서 어안이 벙벙했다.

'큰어머니, 고맙습니다! 부디 다음 생에는 행복하십시오~'

가슴에 한을 품은 영가는 절대 가지 않는다. 그 한을 풀 때까지 여기저기 찾아다니며 괴롭힌다. 영가가 괴롭히려고 마음먹으면 피할 수가 없다. 그 영혼을 이해하고 위로하고 달래줄 수 있어야 한다.

우리는 언제나 죽을 준비를 해야 한다. 죽기 전에 마음에 두고 있던 일이 있으면 다 풀고 가야 한다. 마음에 걸림이 남아 있으면 절대 갈 길을 가지 않는다. 그러면 자기 자신도 남아 있는 자식들도 좋을 게 없다.

귀신은 자신밖에 모른다. 그러므로 육신이 있을 때 의식이 바뀌어 죽어야 한다. 죽는 순간에 가진 의식과 마음이 그대로 영향을 미치기 때문이다.

나 자신을 위해서... 그리고 자식들을 위해서...

사후 세계를 위해서... 그리고 다음 생을 위해서...

자살

오늘은 연희를 데리고 절에 가기로 했다.

연희는 소위 말하는 모든 걸 다 갖춘 60대 가정주부다. 시댁 친정 모두 부유한 집안이고 남편도 기업체 중견 사원으로 남들에게 부러움을 받는 엘리트며 아이들도 번듯하게 잘 자라서 자기 나름의 몫을 다 하고 있었다.

성격도 좋은 편이라 사람들 사이에서 별 문제없이 잘 지냈고 나름대로 모임이나 사회 활동도 적절히 병행하고 있었다.

그런 연희가 언제부턴가 불쑥불쑥 죽고 싶다는 말을 했다.

왜 그러느냐고 물어보면 자기도 모르게 말이 나온다고 했다. 꼭 어떤 일이 있거나 하는 건 아닌데 그냥 별 것도 아닌 일에 마음이 우울해지고 죽고싶다는 생각이 들곤한다고 했다.

처음에는 건성으로 들었는데 어느 날부터 거슬리기 시작했다.

왠지 모르게 자꾸 신경이 쓰여서 혹시 무슨 일이라도 있나 싶어 주변 사람들에게 수소문을 해봤지만 아무 답도 들을 수가 없었다.

남편하고 사이에 문제가 있는지도 챙겨보고 결혼한 아이들이 속을 썩이는 건지도 알아봤지만 겉으로는 아무 문제가 없었다. 그런데도 왠지 찝찝해서 가만히 있을 수가 없었다.

어떻게든 원인을 찾고 싶은 마음에 스님을 뵙게 해야겠다고 생각했다.

절에 법문 들으러 가자고 했더니 기분좋게 따라나서서 일단 한시름 드는 기분이었다 스님께 어떻게 말씀을 드려야 좋을지는 모르겠지만 일단 가서 뵙고 사실대로 의논을 드려야겠다고 마음을 먹었다.

마당에 활짝 핀 철쭉을 보며 봄나들이 온 어린아이처럼 좋아하는 연희를 보면서 잘 왔다고 생각하며 절에 들어섰다. 마침 스님께서 나와 계셔서서 인사를 드릴 수가 있었다. 간략하게 인사를 드리고 나자 스님께서 따로 부르셨다.

마치 내 마음이라도 알고 계신 듯 불러주셔서 너무 감사했다.

"같이 오신 저분 괜찮으세요?"

너무 뜬금없는 말씀이라 무슨 뜻인지를 몰라 멍하니 쳐다만 보고 있었다.

"저분 자살하겠는데…"

그때서야 정신이 번쩍 드는 것 같았다.

"예, 스님~ 그것 때문에 왔습니다.

아무 이유 없이 자꾸 죽고 싶다는 말을 하는데 왠지 기분 나쁘고 찜찜한 마음이 들어서 어디 의논할 데도 없고... 뭔지를 알아야 대책을 세우든지 할 수 있을 것 같아서 억지로 스님 법문 들으러 가자고 해서 데리고 왔습니다."

"잘 모시고는 왔습니다만 말을 듣겠습니까? 그런데 집안에 자살한 사람이 누굽니까?"

'자살한 사람?'

"아 ~ 있습니다. 친정 오빠가 몇 년 전에 자살했습니다."

"어쨌든 할 수 있는 데까지 해 보세요~

일단 절에 가능하면 매일 데리고 오십시오.

말을 잘 안 들을 겁니다.

너무 많이 잠식돼서 쉽지는 않을 겁니다.

자살한 영가의 힘을 빼야 합니다. 저대로 두면 영가가 힘을 얻어 영가가 시키는 대로 자살할 겁니다."

'아! 그렇구나~ 자살한 친정 오빠가 와 있어서 그렇구나~'

스님께서는 일부러 연희와 앉아 이런저런 말씀으로 처리를 하시는 듯했다.

그리고 당분간 절에 매일 올라와서 기도를 해보라고 권하셨다. 연희도 스님을 뵙고 마음이 많이 편해졌다면서 좋아했고 며칠 동안 열심히 기도를 하는 듯했다. 하지만 시간이 지나자 절에 가지 않으려 했고 자꾸 핑계와 일을 만들어 다른 곳으로 약속을 잡았다.

스님께서는 저대로 두면 안 되니까 가족이나 지인들에게 협조를 받아보라고 하셨다. 친한 지인들에게 이야기를 하니 다들 나를 이상한 눈으로 보기 시작했다.

심한 사람은 무슨 악감정 있느냐고까지 하면서 왜 멀쩡한 사람을 정신병자 만드느냐고 화를 내는 사람도 있었다.

아무리 궁리를 하고 주변의 도움을 받으려 해도 방법을 찾을 수가 없었다.

어쩔 수 없이 늘 연희 옆에 붙어 있기로 마음을 먹고 혼자 있는 시간이 생기지 않도록 하는 수 밖에 없었다. 하지만 24시간 지킬 수는 없기에 연희에게 자초지종을 설명하면서 절에 다니자고 이야기했지만 관심이 없는 것 같았다.

이야기를 믿는 것 같지도 않았고 그냥 말이 그렇게 나올 뿐이지 왜 자기가 죽겠느냐고 하면서 도리어 나를 나무랐다.

그리고 친정 오빠가 왜 자기에게 있겠느냐고 49재며 천도재며 다 해줬으니 갔을 거라고 믿고 있었다.

'오죽하면 자살을 했겠느냐? 그런데 그런 사람이 갔겠느냐?'

아무리 이야기해도 들으려고 하지 않았다. 결국 따라다니는 수밖에 없다고 생각하고 부지런히 살폈다. 그렇게 한두 달이 지나자 연희는 나를 귀찮아했고 전화도 잘 안 받으려 했다.

그래도 버려둘 수가 없어서 계속 연락하고 찾아가고 만나고 했다.

다른 사람과 있을 때를 제외하고는 남편이 오면 요즘 마음이 안 좋은 것 같으니 혼자 두지 말라는 당부와 함께 인수인계하듯 맡기고 집으로 돌아오곤 했다.

별다른 일이 없는 날은 우리 집에서 음식도 해 먹고 수다도 떨면서 혹시라도 나쁜 마음이 생길까 챙겨보는 수 밖에 없었다.

시간만 나면 절에 가자고 했고 연희는 그럴수록 나를 피하려고 했다. 하지만 여전히 연희를 보고 있으면 어딘지 불안하고 불편해 보였다. 놔둘 수도 없고 같이 있을 수도 없는 어정쩡한 시간이 지나갔다.

어느 날 아침 전화를 해도 받지를 않았다.

평소처럼 별 생각없이 집에서 뭘 한다고 전화를 안 받지? 라고만 생각하고 집으로 찾아갔다.

초인종을 아무리 눌러도 답이 없었고 혹시나 해서 대문을 두드려도 봤지만 인기척이 없었다.

'어딜 갔지?' 생각하고 연희 남편에게 전화를 하니 해외 출장중이라고 했다. 어제까지도 아무 말이 없었는데...

갑자기 일이 생겨 어제 출발했다고 했다.

일이 있으면 혼자 두지 않고 늘 누군가와 같이 있게 했었는데 갑자기 일이 생겨 미처 연락을 못했다고 했다.

일상적인 인사로 전화를 끊고 아이들에게 연락했지만 다들 모르고 있었고 아침에 볼 일 보러 갔겠거니 하고 있었다.

별일 없겠지 하면서 나도 돌아서 나왔다.

종일 연락이 되지 않아 답답하긴 했지만 설마 하는 마음이 더 컸던 게 사실이었다 문제는 다음 날도 연락이 되지 않았고 아이들도 남편도 걱정을 하는 것 같지는 않았다. 모두 연희가 나를 피한다고 생각하는 것 같았다.

거의 매일 내가 찾아갔으니 그렇게 생각한다고 나무랄 수도 없었다.

사흘째 되는 날 연희 남편에게서 전화가 왔다

출장에서 돌아와 집으로 와보니 연희가 죽어 있었다고 한다. 이게 무슨 일이냐고 말까지 더듬는 사람의 말을 듣고 머리가 하얗게 비는 느낌이었다. 어떻게 이런 일이...

'진짜 자살을 했다고?

아무리 그래도 설마 설마 했었는데...'

믿을 수가 없었다.

마치 내가 막지 못해서 이런 일이 생긴 것 같아 마음이 아팠다.

초상을 치르고 절에 가서 엎드려 울었다.

죄책감과 안타까움에 하염없이 눈물이 흘렀다.

스님께서는 야단을 치셨다.

"그동안 얼마나 애를 썼는데 그런 생각을 하세요? 다른 사람들의 눈총을 받아가며 살리려고 별짓을 다 하셨잖아요~ 실제로는 벌써 죽었을 사람인데 그래도 보살님 덕에 그만큼이라도 더 살았습니다 너무 마음 아파하지 말고 친구가 좋은 데 갈 수 있도록 기도 열심히 해 주세요~"

"자신이 죽고 싶어서 죽은 게 아니라 자살한 영가가 자살하게 만든 거라서 친구분도 안 가고 있을 겁니다 아마 보살님을 찾아올 거예요. 구천을 머물지 말고 가라고 자꾸 기도를 해주세요~ 죽은 자가 이 세상에 머물면 안 되잖아요~ 친구분을 위해서 기도해 줄 사람은 보살님밖에 없습니다."

나를 찾아올 거라는 말씀에 정신이 번쩍 드는 것 같았다.

자살한 영가는 다른 사람을 자살하게 만든다더니 어떻게 이런 일이... 실제로 죽을 마음은 눈꼽 만큼도 없다는 사람을 어떻게 죽게 만드는지... 영가의 힘이란 정말 대단하다는 생각이 들었다.

내가 친구를 위해 해줄 수 있는 게 아무것도 없다는 생각을 하니 마음이 아팠다 오직 부지런히 마음을 모아 기도라도 열심히 해주리라 다짐했다.

'친구야 부디 좋은 데 가거라. 오빠처럼 헤매고 다니지 말고 오빠 손 잡고 같이 갈 길을 가야지~ 안타까워도 하지 말고 마음 아파도 하지 말고 이제는 모든 걸 떨치고 훨훨 날아 자유롭게 행복하게 지내거라!'

생각해보면 내 나이도 작은 나이는 아니다.

친구의 죽음을 보면서 나 스스로 돌아보게 된다.

어떻게 살아야 할지 아니 어떻게 정리를 해야 할지...

얼마 남지 않은 여생을 바르게 보내야겠다는 다짐을 하며 하늘을 쳐다본다.

외출

내 이름은 영미

내 나이는 23살

내가 살고 있는 곳은 50대 가정주부의 뱃속이다.

아줌마는 어디서나 쉽게 볼 수 있는 잘나가는 사업가의 아내다. 언제부터 아줌마의 뱃속에 있었는지는 기억이 안 난다. 아줌마는 신병이란 걸 앓고 있었고 종일 집에서 꼼짝을 안 했다. 아니 정확하게 표현하자면 힘이 없어서 마음대로 움직이지를 못했다.

젊어서는 에너지가 있으니 괜찮았는데 아이 둘을 낳고 서서히 드러눕기 시작했고 시들시들 이유없이 아팠다.

남편이 사업을 해서 돈은 잘 벌지만 아줌마는 마음대로 쓸 수가 없었다. 남편이 기분전환 시켜준다고 온갖 것을 사줬지만 정작 아줌마는 누릴 수가 없었고 모든 건 그림의 떡이었다. 비싼 외제 차를 사줘도 차 열쇠는 장식품일 뿐 아줌마는 끌고 나갈 수가 없었다.

아줌마 몸에는 나 말고도 많은 귀신이 살고 있다.

우리는 아무리 많이 있어도 서로에게 관심이 없다. 그냥 각자 자기 하고 싶은 대로 한다. 마음에 드는 귀신을 불러들여서 신혼집을 꾸미든 보따리를 쌓아놓든 관여하지 않는다. 많게는 윗대 조상부터 부모까지 다 있는 사람도 있고 사돈집 조상들까지 와 있어도 서로 알려고 하지 않는다.

누가 있는지 모르고 지내는 경우도 허다하다.

간혹 무당이 있는 경우에는 그 무당을 따르는 수백의 귀신들까지 있어서 알려고 해도 알 수도 없다.

가장 힘이 센 귀신이 먼저 사람을 마음대로 하고 몸 밖으로 드러나고 싶을 때 외에는 서로 관심을 갖지 않는다. 서로 드러나고 싶어 할 때는 짧은 시간에 많은 귀신이 나오기도 한다. 금방 이랬다저랬다 하는 사람은 자기 마음이 변덕스러운 것보다 귀신이 서로 나와서 각자 자기 주장을 하기 때문에 변덕스럽게 보일 뿐이다. 그 외에는 누가 뭘 하든 전혀 상관하지 않는다.

모두에게는 제각각의 사연이 있다.

그 사연을 서로 알고 싶어하지도 않고 간섭하려 하지도 않는다. 아줌마랑 집에만 있는 게 답답해지면 외출을 한다.

아줌마 몸을 떠나 젊은 여자아이 몸으로…

나이트클럽이나 술집 앞에 가서 마음에 드는 아이를 고르면 된다.

이왕이면 내 나이 또래에게 간다. 아줌마가 아닌 다른 몸에 들어가면 처음은 조금 어색하지만 금방 익숙해진다. 술을 마시면 모두 똑같아지니까… 그들도 나도…

춤도 추고 노래도 부르고 신나게 놀다 보면 잠시 아줌마를 잊고 지내게 된다. 술 마시고 놀다가 마음에 드는 남자아이가 있으면 같이 잠자리를 하기도 한다. 술이 깨면 젊은 에너지 때문에 내 맘대로 하기가 쉽지는 않다. 그만큼 나도 에너지를 써야 한다. 물론 나도 한 남자와 오래 만나고 싶지는 않다.

여자아이가 마음에 안 들면 다음 날은 다른 아이 몸에 들어가서 놀기도 한다. 귀신들중에는 사람에게 있지 않고 언제나 떠돌아다니는 귀신도 있다.

이런 데서 이렇게 놀다가 그 몸이 마음에 들면 그 몸에 자리 잡기도 한다. 그 몸이 마음에 들고 편안할 때는 이유가 있기 때문이다. 전망 좋은 곳에 가면 귀신들끼리 연애하는 모습을 자주 볼 수 있다.

귀신들끼리 성관계도 한다. 산 사람의 생기를 빨아먹기도 하지만 귀신끼리 영기를 나누기도 한다. 그 기운이 귀신들의 에너지가 되기도 한다. 일주일 정도 젊은 아이 몸에서 놀았더니 싫증이 난다. 술도 정신을 잃을 정도로 마셨다.

웃고 떠들고 춤추고 노래 부르고 미친 듯이 발광을 하며 노는 것도 시시해지고 남자애들이랑 자는 것도 재미가 없다. 귀신들 중에는 유흥업소나 숙박시설 주변에만 머물려고 하는 귀신도 있다. 아마 살아 있을 때의 습과 의식때문이겠지...

아줌마에게 돌아가야겠다.

집으로 돌아오니 음식 냄새가 난다. 제사 음식이다.

'그렇구나. 오늘 제사구나.' 힘이 빠진다.

나는 밥을 얻어먹은 적이 없다. 아니 기억이 없다.

언제 죽었는지 왜 죽었는지도 모르겠다. 구천을 떠돌아다닌 지 한참 된 모양이다. 내가 기억하는 사람이 아무도 없는 걸 보면... 적어도 이 나이가 되도록 한 사람도 안 만나고 살지는 않았을 건데...

기운이 없다. 배가 고프다. 나도 제사 음식이 먹고 싶다.

공연히 짜증이 난다.

아줌마 머리에 들어가 망치로 머리를 친다.

'나도 밥 줘!'

'나도 밥 줘!'

'나도 밥 줘!'

아줌마가 머리를 감싸 쥐고 바닥을 뒹군다.

고통으로 울부짖는다.

'그러니까 나도 밥 줘~

그러면 안 때릴 게~

나도 밥!'

아줌마가 숨을 헐떡인다.

알아들었을까? 조금 기다려볼까? 아줌마가 울면서 어디론가 전화를 한다. 여기저기 몇 군데 전화를 하더니 나를 부른다.

몇 번 만났던 스님이다. 전화로 이야기를 한다.

'스님~ 나도 제삿밥 먹고 싶어요~ 밥만 차려주면 돼요~

제사상에 내 밥만 한 그릇 따로 담아주세요~

그냥 나를 위해서 나를 생각하고 내 밥 한 그릇만 따로 담아서 제일 마지막에 올려만 놔 주세요~

밥만 주세요~'

"제삿밥 차려 줄 테니 이제 나갈래?

이 분도 불쌍한 분인데 너라도 나가면 안 되겠니?"

'그냥 제삿밥으로는 안되고 오늘은 제삿밥 얻어먹고 다음에 나를 위해 제대로 차려주면 갈게요~ 근데 나도 갈 데가 없는데... 이제는 머무를 사람 찾는 것도 귀찮아요~'

"그러면 이제 갈 길을 가야지? 여기 있으면 있을수록 가기가 더 힘들어지잖아~ 이제는 갈 때도 되지 않았어?"

'생각해볼게요~'

'제삿밥 먹고 제대로 차려준 상 받아보고 그때 결정할게요~'

"아니 일단 이분한테서 나간다는 약속을 해야 상을 차려주지 아무 이유 없이 상을 차려줄 수는 없어! 약속 안 하면 상 안 차려 줄거야~ 상 차리고 기도하면 에너지 소모가 얼마나 많은데 그냥은 할 수가 없어! 약속하면 날 받아서 상 차려줄게~"

'알았어요~ 일단 아줌마한테서는 나갈게요. 약속할게요~'

스님은 알겠다고 하면서 들어가라고 한다.

이 스님도 참 특이한 사람이다. 보통 우리하고 이야기가 통하는 사람은 다 귀신이 있다. 귀신이 알아듣고 그 귀신이 사람한테 전달을 한다. 사람들은 자신이 생각하고 느끼는 줄 알지만 귀신이 알려 준다.

힘이 작은 귀신은 알려주기만 하고 힘이 센 귀신들은 약한 귀신을 억눌러서 말을 듣게 만든다.

나가라고 하기도 하고, 다른 데 가서 나쁜 짓을 하라고 시키기도 하고, 숨으라고 하기도 하고…

조폭 두목이 소리 지르면 아무 상관 없는 일반인도 겁을 내고 말을 듣게 되는 것과 같은 이치다. 그런데 조직의 부하라면 더더욱 말을 잘 들을 수 밖에 없다.

그런데 스님은 아무리 봐도 귀신이 없다.

어떻게 우리 말을 알아듣고 생긴 것까지 이야기하는지 모르겠다. 수행을 한다는 사람들도 다들 귀신이 있어야 우리 말을 알아듣고 귀신이 없으면 아예 귀신을 인정조차 안 하던데 이 스님은 경지가 남다른 모양이었다. 도력이 높다든가 대단하다는 사람들은 다 힘이 세고 큰 귀신이 들어있던데... 소문을 듣고 찾아간 사람 중에 귀신이 없는 사람은 없었다.

하여간에 오랜만에 밥을 얻어먹게 생겼다고 하니 기분이 좋다. 내 몫으로 밥을 주지 않으면 얻어먹지 못한다. 가끔 다른 귀신을 위해 큰 양푼이에 밥을 떠놓으면 먹을 수는 있지만 배고픈 귀신이 많아서 나처럼 힘없고 관심없는 귀신은 먹을 수가 없다. 물질을 먹는 게 아니라 그 정성과 마음을 먹기 때문이다.

아줌마한테서 나가면 또 어디로 가지? 아줌마가 재미는 없어도 내가 있기는 좋은데... 조용하고 말도 없고 우울하고 힘도 없고... 친구도 별로 없고 햇빛도 안 좋아하고... 여러 가지로 내 맘에 드는데 간다고 스님과 약속을 했으니 안갈 수도 없고...

괜히 약속을 했나? 다른 사람하고 약속했으면 안 지켜도 되는데 스님하고 한 약속은 안 지키면 혼이 난다는데...

언젠가 하늘의 심판을 받는 날이 오면 종교인이나 영적인 사람에게 잘못한 일은 가중처벌이란 걸 받는다고 했다.

비록 요즘은 제대로 된 종교인이나 무속인이 없다고 하더라도... 무속인들도 거의 잡영들이 나와 있어서 제대로 된 무속인이 없다고 자기들끼리 이야기한다. 하늘 일을 하는 영적인 사람들에게 한 행동은 세세하게 점수가 매겨진다고 하니… 이 모든 것들은 기록이 되어 있어서 심판대 앞에 서면 감점 요인이 된다고 한다. 더구나 저 스님은 일반 스님도 아닌 것 같고… 나오는 아우라가 남들하고는 다른데… 아우라 색도 다르고 두께도 다르고 힘도 다르고…

이번 기회에 그냥 갈까?

영원히 여기 있을 수는 없으니 언젠가는 가긴 가야 하는데…

아~ 모르겠다.

다음에 상을 차려주신다고 했으니 그때 스님하고 이야기해 봐야겠다. 스님은 나보다 더 많은 걸 알고 있으니…

며칠 밖에서 신나게 놀았더니 피곤하다.

잠부터 자야겠다.

자고 일어나면 제삿밥이 있겠지?

신나게 놀고 난 후의 상쾌함과는 다른 행복감이 밀려온다.

오랜만에 편안한 잠을 잘 수 있을 것 같다.

'이제 그만 갈까?'

소아마비

자고 일어나니 갑자기 다리가 아프다.

왜 이러지?

별다른 일도 없었고 다리에 무리를 준 것도 없는데 갑자기 왜 이렇게 다리가 아프지? 밤에 잠을 잘못 잔다 해도 이럴 수는 없는데 왜 이러지?

발을 디디기가 힘들 정도로 다리가 아프다. 푹푹 쑤시기도 하고 욱신거리기도 하고 어떻게 말로 표현할 수가 없다. 온종일 다리를 주무르고 파스나 근육 이완 연고도 사서 발라 봤지만 소용이 없었다.

내일이면 괜찮아지겠지 하면서 며칠을 버티다가 결국 병원을 찾았다. 병원에서는 아무 이상이 없다고 했고 다리를 절고 있는 나를 오히려 이상한 눈으로 쳐다보기까지 했다.

온갖 검사를 하고 병원 순례를 다녔지만 원인을 찾을 수가 없었다. 가는 병원마다 진통제만 한가득 받아들고 돌아올 수 밖에 없었다.

통증은 멈추지를 않는데 아무 이상이 없다고 하니 답답한 노릇이었다. 어쩔 줄을 모르고 여기저기 기웃거리다가 갑자기 이상한 생각이 들었다.

병원에서 아무 이상이 없다면?

그래! 왜 그 생각을 못 했지?

급하게 스님께 연락을 드렸다.

스님께 양해를 구하고 절로 찾아갔다. 다리를 질질 끌면서 억지로 법당에 올라가 인사를 드리고 앉아 있었다.

스님께서 찾으셨다. 제일 편한 자세로 앉으라신다.

다리를 펴고 있어도 되니까 몸과 마음이 가장 편안한 자세로 앉으라 하신다.

"나오세요~ 누구세요? 나와서 이야기하세요~"

떠오르는 게 있으면 이야기하라 하신다.

"나오세요~ 할 말이 있어서 왔으면 이야기를 해야지요~"

몇 번 반복하시다가 갑자기 야단을 치신다.

"나와! 왜 거기 있는 거야! 나오라니까!"

나도 모르게 몸이 움찔한다. 떠오르는 사람 없느냐고 하신다.

질문을 하시자 갑자기 어릴 때 죽은 사촌 오빠 생각이 났다. 사촌 오빠가 떠오른다고 하니까 오빠가 다리가 아팠느냐고 하신다.

'아~ 맞다! 오빠는 소아마비였고 다리가 잘못돼서 병원에서 수술하고 고생만 하다가 죽었었지~'

많이 힘들어하고 아파했었던 기억이 떠올랐다.

"그런데 왜 거기 있어요? 할 말이 있으면 하세요~"

갑자기 눈물이 쏟아진다. 나도 모르게 엉엉 소리내어 운다.

"잘못했습니다! 죄송해요~

갈 길을 찾을 수가 없어서 길을 알려고 왔습니다.

여기저기 다니면서 물어봤지만 아무도 알려주지 않았어요~

어디로 가야 할지를 몰라서… 제가 어디로 가야 할지 알려주시면 안 되나요?"

나는 어린아이가 떼를 부리듯 엉엉거리면서 울고 있었다.

스님께서는 우는 아이를 달래셨고 시키는 대로 하겠느냐고 몇 번이나 다짐을 하셨다.

"자~ 하늘을 보세요! 하늘이 보입니까?"

"하늘이 보여요?"

차츰 울음이 잦아들었고 나도 모르게 고개를 뒤로 젖히고 있었다.

"예. 보입니다."

"그럼 하늘을 가만히 쳐다보세요~ 빛이 보일 겁니다.

천천히 보세요~ 보입니까? 자세히 보면 보일 겁니다!"

그렇게 얼마나 지났을까?

"예. 보입니다! 보여요! 빛이 보여요!"

나는 마치 큰 선물을 받은 어린아이처럼 팔짝거리면서 좋아했다.

"자, 이제 그 빛을 따라가세요~ 그 빛이 이끄는 대로 가면 됩니다. 다른 데 쳐다보지 말고 빛만 따라가세요~"

"예~ 감사합니다! 감사합니다~"

마치 허공에서 소리가 들리듯 메아리처럼 감사 인사를 남기며 사라져갔다. 너무 좋아서 어쩔 줄을 몰라 하는 게 느껴졌다. 조금 지나자 눈을 뜨라 하셨고 다리를 만져보라 하셨다.

귀신에게 홀렸다는 게 이럴 때 하는 말일 거다.

다리는 언제 아팠느냐는 듯이 말짱했다.

스님께서는 빙긋이 웃으시며 들어가셨고 나는 머리를 한 대 맞은 것 같았다.

오빠가 그렇게 아팠었구나~

나는 불과 보름 남짓 아픈 것도 견디기가 힘들어 이렇게 고생을 했는데 그 어린 나이에 얼마나 아프고 힘들었을까?

마음껏 뛰어놀아 보지도 못하고 늘 한쪽 귀퉁이에 앉아 우리를 바라보던 그 마음이 어땠을까 생각을 하니 눈물이 났다.

물론 나도 어렸다고는 하지만 같이 있어 주지 못한 미안함이 더 마음을 아프게 했다.

이렇게 고통이 심한 줄은 몰랐었다. 그냥 아프다니까 그런가 보다 했었는데… 몇번이나 수술을 하고 입원을 하면서 어린 마음에 얼마나 힘들었을까? 얼마나 아프고 무서웠을까? 우리를 보고 얼마나 부러워했을까?

그때 알았더라면… 아무리 어려서 모른다해도 같이 있어 줄 수라도 있었을 건데…

'오빠, 다음 생에는 건강한 몸 받아서 행복하게 살아~

다른 아이들과 함께 마음껏 뛰어놀면서 즐겁게 살아야 해~'

하늘을 쳐다본다. 귀신이 있으면 그 귀신의 고통을 그대로 느낀다는 게 참 신기하다.

또 귀신이 떠나니까 바로 멀쩡해진다는 건 더 신기하다.

갈 길을 못 찾고 헤매고 있다니…

만약 내가 스님을 못 뵙고 그냥 그렇게 산다면 어떻게 될까?

귀신들을 우리 곁에서 떠나보내야 한다는 의무감같은 게 생긴다. 그들은 그들의 세상으로… 우리는 우리의 삶을…

내가 직접 경험했는데도 신기하다는 말밖에 안 나온다.

내가 모르는 일은 얼마나 더 많을까?

"참 신기하다."

환청

"명예로운 죽음을 택하라!"

'어떻게 죽는 게 명예로운 죽음이지?'

"할복을 해라!

일본 사무라이처럼 할복을 하는 것만이 명예로운 죽음이다!"

'어떻게? 칼이 없는데?'

여기저기 뒤지니 과도가 나왔다.

배에 칼을 대보지만 나도 모르게 배에 힘이 들어가고 과도에 힘이 들어가지는 않는다. 그래도 찔러본다 과도로는 어림도 없다.

"그러면 팔을 그으라!"

'뭘로? 과도로는 안 되는데?'

둘러보니 친구들이랑 마셨던 맥주병이 눈에 들어온다.

병을 쳐서 깬다. 깨진 병으로 팔을 긋는다. 피가 쏟아진다.

그래도 동맥을 건드리진 않았는지 많이 나오는 건 아니다.

화장실에 들어가 팔을 물에 담근다. 피가 많이 나오라고…

'이제 죽기만 기다리면 되는가…

근데 왜 죽어야 하지? 내가 뭘 잘못했다고?'

나를 둘러싸고 있는 수백 명의 사람이 외친다. 나쁜 놈이라고…

마이크를 든 방송국 기자가 어머니께 인터뷰를 요청한다.

어머니는 나를 가리키며 자신의 아들이 아니라면서 나쁜 놈이라고 욕을 한다. 주변에 있는 친구들도 다 같이 말한다. 죽어 마땅하다고…

수백 명의 사람들이 나를 손가락질하며 욕을 한다. 죽어 없어져야 할 인간이라고 화를 낸다. 인간 쓰레기라고 소리친다. 친한 친구일수록 큰소리로 흥분하면서 외친다. 빨리 죽으라고…

내가 아는 사람도 있지만 모르는 사람도 있다.

마치 뉴스의 한 장면을 보는 것처럼 마이크를 든 기자와 나를 둘러싸고 있는 사람들이 밀려들면서 욕을 한다.

내가 그렇게 대단한 사람도 아닌데 저들은 왜 우리 집까지 몰려와서 나를 욕하는지 이해할 수가 없다. 그리고 저 마이크와 카메라는…

아무리 돌이켜 생각해도 나는 나쁜 짓을 한 적도 없고 내 마음에 거리낄 일을 한 적도 없다. 그런데 저 사람들은 왜 나를 보고 죽으라고 하는지 알 수가 없다.

그리고 저 많은 사람이 왜 몰려와서 저러는지…

자꾸 죽으라고 하니 죽어야 하나 보다. 그냥 이렇게 있으면 죽겠지… 온 방은 피범벅이다. 방바닥은 물론이고 피를 더 많이 빼내기 위해 돌아다닌 탓에 온 집이 피로 얼룩져있다.

죽기 전에 어머니에게 따져나 봐야겠다.

"어머니 저예요. 제가 어머니 아들 맞나요? 거짓말하지 말고 바른대로 얘기해 주세요. 저 지금 죽으려고 팔을 그었어요. 그러니 거짓말하시면 안 돼요. 제가 어머니 아들 아니예요? 그럼 왜 조금 전에는 아들 아니라고 하셨어요? 아들 아니라고 하셨잖아요~"

내 목소리는 너무나 건조했고 전화에서 들려오는 어머니 목소리는 떨리고 있었다.

조금 전에 인터뷰할 때 나를 자신의 아들이 아니라면서 죽으라고 욕하고 화를 내던 무정한 어머니는 어디 가고…

아무 생각이 없다. 왜 죽어야 하는지 왜 죽으라고 하는지…

그저 멍하니 앉아 있다.

차츰 힘이 빠지고 한고비를 넘겼나 싶더니 목이 뻐근했다.

무의식중에 고개를 돌리자 눈이 저공 비행하는 헬리콥터 아래 달린 렌즈처럼 지구를 돌기 시작했다. 초고속 저공 비행으로 빌

딩 숲을 지나고 들판도 지나고 강도 건너고 망망대해도 건너서 아시아를 지나 유럽도 지나고 아프리카의 초원지대도 지나서 마치 다큐멘터리를 보는 것처럼 온 세계를 영화의 한 장면을 보듯 훑어 내렸다. 마치 지구를 몇 바퀴는 돌았던 듯하다.

지구를 도는 만큼 눈알도 빙글빙글 도는 것 같았다. 그러는 동안에도 목이 뻐근해서 가볍게 돌리던 고개가 내 의지와 상관없이 계속 돌고 있었다.

시간이 지나자 '내가 뭘 하고 있지?' 하는 생각이 들었다.

나 스스로를 바라보기 시작하자 쉬지 않고 고개를 돌리는 것도 서서히 멈춰지고 눈 앞에 펼쳐지던 영화 같은 장면들도 차츰 사라져 갔다.

어지럽게 돌아가던 눈동자도 천천히 멈추는 것 같았다.

다시 공허가 찾아 왔다. 나 자신이 누구인지 지금 어디서 무엇을 하고 있는지 알 수가 없었다.

멍하니 떨어지는 핏방울을 바라보며 앉아 있었다.

그동안에도 피는 계속 흐르고 있었다.

얼마나 시간이 지났을까?

어머니는 동생과 함께 나를 찾아오셨고 병원 응급실로 데리고 가셨다. 팔의 상처를 기웠다. 무슨 정신이었는지 병원 응급실에 누워있으면서 팔을 깁고 있는 의사에게 신경이나 근육에는 이상이 없는지 물어보기도 했다.

여러 군데를 기웠지만 다행히 다른 이상은 없었다.

팔이나 배에는 지금도 흉터가 남아 있다. 그날부터 나의 환청이 시작됐다.

내 나이 스물여섯

군대를 갔다 와 복학을 준비하는 중이었다.

왜 수백 명의 사람이 나를 에워싸고 욕을 하는지 알 수가 없었다. 왜 죽어야 하는지는 더더욱 이해가 안 된다. 왜 그들은 이십사 시간 나를 따라다니며 감시를 하는가? 왜 내가 뭔가를 할 때마다 평가하며 잘못한다고 욕을 하는가?

이들을 확인하기 위해 정신 병원에 다녀야 했다.

어머니는 애지중지 키운 아들이 갑자기 친아들인지 아닌지를 확인을 하니 얼마나 황당하셨을까?

거기다가 자살 시도라니…

어느 누구도 이 상황을 이해하지 못했다.

나 자신조차도…

어떻게 그런 일이 일어날 수가 있는지 도저히 납득이 되지 않았다. 유명한 정신과 의사, 심리학자, 종교인까지… 별별 짓을 다 했다. 뭘 안 해보겠는가?

그러나 그런 나를 비웃기라도 하듯 그들은 그곳이 어디든 항상 나타나 나를 비난하며 손가락질을 했다.

특히 사람이 많이 있는 지하철을 타면 그 많은 사람들 사이에서 나를 가리키며 욕을 했다. 사람이 많으면 많을수록 욕을 심하게 하고 더 많은 욕을 들어야 했다. 다른 사람들이 그 욕을 들을까 봐 두려웠고 나도 모르게 주변을 살피게 되고 그들을 피하려고 애를 썼다.

그런 그들 때문에 여기저기를 기웃거리며 알게 된 게 있다면 귀신의 존재였다.

나를 욕하며 따라다니는 존재는 귀신이었다. 다른 사람은 보지도 듣지도 못하는데 나에게만 보이고 들리는 존재들… 처음에는 나에게만 보이고 들린다는 걸 알지 못했고 귀신의 존재를 확인할 수가 없어서 별짓을 다 했다.

정말 귀신이 있는지… 진짜로 내가 귀신의 이야기를 듣고 있는 건지… 숨어도 보고 사진기를 들고 다녀도 보고 집을 옮겨도 보고 못 따라올지도 모른다는 기대감에 자다 말고 벌떡 일어나 호텔에 가서 잠을 자 보기도 하고, 영화나 드라마에서 보던 내가 아는 모든 지식을 동원해서 그들을 확인하고 그들을 피해 보려고 애를 썼다.

그러나 아무 소용이 없었다. 내가 어디에서 무엇을 하든 그들은 내 옆에 다가와 나쁜 놈이라고 죽일 놈이라고 인간쓰레기라고 욕을 했다.

그들의 존재를 알았을 때는 당황스럽기도 하고 믿을 수도 없었다.

처음에는 귀신의 존재를 믿을 수가 없어서 내 스스로가 만들어 낸 양심의 가책의 소리가 나에게 돌아오는 게 아닌가 생각도 하고 무의식에서 만들어 내는 게 아닌가도 생각했었지만 아무리 돌아보고 최대한 내 잘못이라고 인정해도 그렇게 욕 들을 행동을 한 적이 없었다.

내 잘못이라는 걸 인정할 수 없고 수긍할 수 없는 시간이 차츰 길어지면서 귀신의 존재를 인정할 수 밖에 없었다.

그들에 대해 알아 갈수록 그들의 대화를 받아 적을 수 있을 정도로 정확하게 들을 수 있었다. 그들은 마치 우리가 아는 사람을 만나듯 산사람인지 죽은 자인지 알 수가 없을 정도로 우리와 똑같은 이야기를 하고 있었다. 하지만 이제는 더이상 알려고 하지 않는다.

문제는 몸이 굳어간다는 것이었다.

환청 속에 시달리던 어느 날부턴가 몸이 굳기 시작했다. 온몸에 한기가 들면서 식은땀이 나기 시작하면 체온이 떨어지고 몸이 굳어서 아무것도 할 수가 없었다. 길을 가다가도 온몸이 마비되는 징조가 나타나면 바로 찜질방이나 모텔로 들어가 뜨거운 물

에 몸을 담그거나 방을 뜨겁게 해놓고 이불을 머리끝까지 덮어쓰고 서너 시간이 지나야 서서히 풀려 갔다

심지어는 몸이 굳어가기 시작하면 가끔 구토 증세까지 있어서 급하게 화장실을 찾아야 했고 늦으면 아무데서나 토하기까지 했다.

게다가 두통까지 있어서 머리를 꽉 죄는 것 같았다.

마시는 청심환은 언제나 가지고 다녀야 했고 늘 불안 속에서 살아야 했다. 나는 그렇게 차츰 세상에서 격리되고 있었다.

어떤 상황에서 어떤 때 몸이 굳어 올지를 몰라서 아무것도 할 수가 없었다. 혹시나 하는 마음에 종합병원에서 검사란 검사는 다 했고 특히 아버지가 심장 질환으로 고생하셨기에 심장은 정밀 검사까지 했다.

병원에서는 모든 게 너무나 깨끗하고 건강하다고 했지만 몸은 시도 때도 없이 굳어서 점점 더 힘들어져 갔다.

친구도 마음대로 만나지 못했고 바깥나들이가 힘들어져 차츰 집안에서 생활하게 되었고 모든 일에 제약을 받게 되었다.

여전히 밤마다 환청은 계속되었고 늘 욕을 들으면서 살아야 했다. 병원은 말할 것도 없고 무당도 만나보고 철학관 기치료 신통으로 치료한다는 곳까지 다녀봤지만 해결책을 찾을 수가 없었다.

어떤 무당은 자기와 증세가 똑같다면서 자신도 청심환을 갖고 다닌다고 했다.

소문난 곳은 물론이고 어머니 인맥을 총동원해서 잘한다는 곳은 다 가 봤다. 치료는 못 하더라도 원인이라도 알고자 했지만 그것조차 알 수가 없었다.

그러다가 우연히 만나 뵙게 된 스님은 놀라운 말씀을 하셨다.

나보고 욕을 하는 게 아니라 나에게 머물러 있는 귀신보고 다른 귀신이 욕을 하는 걸 내가 듣는 거라 하신다. 귀신이 나를 따라다닌다고 생각을 했지 귀신이 내 몸에 머문다는 생각은 해본 적이 없었다.

나에게 머무니까 내 생각을 다 읽고 내 마음을 다 알고 내가 가장 힘들어 할 상황을 만들어 나를 괴롭힌 거라고 하시니 놀랍기만 했다.

'내가 가장 좋아하고 믿었던 친구 모습으로 나타나 나에게 욕을 하던 것도 결국은 나를 좀 더 괴롭히기 위해서 귀신이 장난을 친 거구나. 너무 화가 나서 친구에게 전화해서 확인하고 싶던 것도 친구에게 확인을 했다면 가장 친한 친구를 잃을 뿐만 아니라 친구들 사이에서 정신 나간 사람이 될 뻔한 것도 귀신의 장난이었구나. 귀신들이 나에게 왜 이런 짓을 하는가?'

황당하기도 하고 당황스럽기도 해서 머릿속은 온통 뒤죽박죽어지럽기만 했다.

스님께서는 몸이 굳어지는 것부터 정리를 해보자고 하셨다.

스님께서는 점검이란 걸 하셨다.

내 속에는 많은 영혼이 있었다.

먼저 심장 질환으로 몸이 굳어서 돌아가신 아버지...

아버지는 자신의 죽음을 인정하지 않고 삶에 대한 애착으로 못 떠나고 있었다.

일찍 돌아가시는 바람에 못다 이룬 꿈이 많으셨다. 나를 워낙 좋아하셨으니 나에게 있는 건 어쩌면 당연한지도 모르겠다.

아버지가 몸이 서서히 굳어서 돌아가셨으니 아버지가 드러나면 어쩔 수 없이 내 몸이 굳어가는 것이었다.

내가 자라면서 본 아버지는 모든 걸 다 이루신 분이었지만 지금 느껴지는 아버지는 한과 착이 많아서 못가고 있는 모양이다. 뜻을 이루지 못하고 한이 많은 영혼은 힘이 세다하신다.

비록 살아서 나를 가장 사랑하셨을망정 지금은 자신의 뜻을 전달하기 위해 나를 괴롭히시는 거라고 생각하니 이해가 안 된다. 내가 아는 아버지는 그런 분이 아니셨지만 귀신이 되면 다르다고 하시니...

또 손자가 잘못될까 노심초사 지키는 할머니...

귀신들의 소리를 듣게 하고 언뜻언뜻 귀신을 보여주며 나를 정신병자로 만들고 사람들 사이에서 외톨이를 만들던 무당...

무당은 나를 써먹으려고 자살을 하게 만들었지만 죽이지는 않았다. 아마 내가 나이가 많아서 써먹을 가치가 없었다면 죽게 했을지도 모른다. 아직은 젊고 쓸만하니 내가 얼마나 말을 잘 듣는지 시험을 해 본 거였다.

귀신의 말만 듣게 하는 게 아니라 아래 윗집에서 나는 이상한 소리도 들리게 하고 아무것도 아닌 일에도 주눅 들게 하고 눈치 보게 만들었다.

늘 욕을 듣다 보니 욕 안 들으려고 나도 모르게 쓸데없는 데까지 신경을 썼다. 그게 무당의 장난이라고는 상상도 못했다.

무당과는 정반대로 스님께 데리고 와서 공부하라고 하는 선비... 선비는 전생에 많이 닦았던 분이지만 힘이 부족해서 드러나지는 못했다. 이 선비가 드러나면 완전히 달라질 거라고 하셨다.

앞으로 얼마나 더 많은 영혼이 드러날지는 알 수가 없다.

그들이 드러날 때마다 내 몸에서 일어나는 반응들은 각각 달랐다. 이들을 이기기 위해서는 제일 먼저 규칙적인 생활을 하라고 하셨다.

아침에 일찍 일어나고 하루를 바쁘게 움직이려고 애를 썼다.

애초에 술과 담배는 안 하니 신경쓸 필요가 없었다.

가능하면 밤에는 움직이지 말고 해가 있을 때 바깥일을 보도록 일정을 조정하며 스님께서 시키시는 대로 기도도 하고 호흡과 여러 가지 수행법을 하기 시작했다. 놀라운 건 2주가 지나자 환청이 80% 감소했다는 거다.

밤마다 시끄러워서 잠을 잘 수가 없었는데 정말 신기한 일이었다. 20년 세월을 온갖 짓을 해도 줄어들지 않던 환청이 어떻게 보름 만에 이렇게 줄어들 수 있는지 믿을 수가 없었다.

스님께서는 한 번씩 아버지를 불러내셨고 너무 가슴 아파하는 아버지를 위해 많은 말씀을 해 주셨다. 아버지는 살아생전 좋아하시던 '돌아와요 부산항에'를 부르시면서 눈물을 흘리셨고 아버지 대신 직접 노래를 부르시던 스님께서는 너무 마음이 아파서 더 부를 수가 없다고까지 하셨다.

아버지 애창곡을 스님께서 어떻게 아시는지 참 대단하시다는 생각이 들었다. 아버지가 그렇게 한이 많은 줄은 몰랐다.

물론 개인적인 생활이야 어떻게 다 알겠는가만은 이렇게 가슴 아플 거라고는 생각을 못 했다. 내가 아는 아버지는 모든 것에서 뛰어나고 당당하고 대단하고 존경할 만한 분이셨는데...

아무리 모든 걸 다 갖추었다고 해도 각자가 가진 아픔은 있는 모양이었다.

나에게는 내 삶의 의지처였고 언제나 닮고 싶은 분이었다. 아무리 바빠도 우리에게 억지로라도 시간을 만들어 같이 있어 주려

했고 세상살이에 필요한 지혜를 가르쳐주려고 애를 쓰셨다.

그런 아버지가…

그렇게 하루하루 영적인 공부를 해 나갈수록 내 마음은 안정을 찾아가기 시작했고 늘 마음 한쪽 끝이 불안하던 것도 차츰 편안함으로 바뀌어 갔다.

20년 세월 동안 고통받던 일들이 단시간에 해결되리라고 생각하지는 않는다. 그동안 지나온 시간을 생각하면…

제대로 잘 해야겠다는 다짐을 새롭게 했다.

내가 영적인 공부를 꼭 하겠다고 마음을 먹는 건 나처럼 고통받는 사람들을 도와주고 싶어서이다.

언젠가 꿈을 꿨는지 생시에 그냥 그려진 건지는 모르지만 지금도 영화의 한 장면처럼 잊혀지지 않는 게 있다.

벼랑 끝에 왠 스님께서 목탁을 치며 염불을 하고 있었다.

그 염불과 목탁 소리를 듣고 마치 폭죽을 쏘아 올리듯 수 많은 영혼들이 하늘을 향해 솟아 올라가고 있었다.

땅 위에서 고통받는 영혼들이 제도 되고 있는 장면이었고 그 이후로 나도 저런 일을 하고 싶다는 생각을 늘 하게 되었다. 궁극의 의술은 결국 영적인 해결이 아닌가 한다.

영적인 해결이 되면 대부분의 병은 나을 수가 있다고 생각한다. 내 몸이 아프면서 비록 어깨너머로 보긴 했지만 수많은 의술

들을 봐왔다. 영적인 해결이 아니면 안 되는 게 얼마나 많은지 분명히 보고 겪었다. 내 힘은 비록 부족하지만 그들을 위해 살고자 한다고 말씀을 드리니 스님께서 도와주신다고 하신다.

아직은 시작에 불과하다.

과연 내가 무엇을 할 수 있을까?

그게 무엇이든 상관없다.

오직 나처럼 귀신들 때문에 고통받는 사람이 있으면 그들의 이야기를 들어 주고 그들에게 갈 길을 알려 줄 수 있다면…

아무하고도 공유할 수 없는 외로움은 당해보지 않으면 알 수가 없다.

귀신 이야기를 하면 모두 나를 미친놈 취급을 한다.

겉으로는 듣는 척하지만 돌아서면 하나같이 걱정을 하든지 욕을 하든지 했다. 걱정을 하는 사람도 절대 공감하지는 못했다.

귀신 이야기를 하며 함께 그들을 이길 수 있는 방법을 찾을 수만 있다면…

우리 모두가 고통에서 벗어나는 길을 찾게 되기를…

오늘도 나는 내 속에 있는 귀신들에게 말한다.

나처럼 고통받는 사람들을 도울 수 있게 나를 도와달라고…

그리고 하늘에 발원한다. 내가 그들의 고통을 덜어 줄 수 있는 통로가 되게 해 달라고…

그들에게 약을 가르쳐주고 약국을 알려줄 수 있는 길잡이가 되게 해 달라고...

어릴 적 텔레비전에서 봤던 '등신불'의 마지막 장면을 잊을 수가 없다. 등신불을 바라만 보는 데도 문둥병 환자들이 저절로 낫는 장면... 그것이 어떤 의미를 가지는지는 모르지만 나는 다른 사람의 고통을 덜어 줄 수 있는 역할을 할 수 있게 되기를 기도한다. 언젠가는 그런 날이 꼭 오리라 믿으면서 오늘도 열심히 노력한다.

'저에게 있는 인연들이시여~ 제가 가야 할 길을 알려주시고 그 길을 바르게 갈 수 있도록 도와주십시오!'

내가 고통 속에 허덕이면서 다른 사람을 돕겠다는 마음을 가지기가 쉽지 않다. 그러나 이런 마음이라면 어떤 고통과 시련이 와도 이겨낼 수 있을 것이다.

하늘은 스스로 돕는 자를 돕는다고 했던가...

의식

어느 날부턴가 가슴이 답답해지곤 했다.

왜 이러지 하면서도 크게 문제가 있는 것 같지는 않아서 그냥 잊고 지냈다. 생활에 큰 불편이 있는 것 같지는 않기에 한 번씩 가슴을 치면서도 무시했다.

그런데 시간이 지날수록 상태가 심해져 갔다. 가슴만 답답한 게 아니라 말이 잘 안 나왔다. 말문이 턱턱 막히고 숨이 가빠지고 말을 버벅거리면서 더듬기까지 했다.

순간순간 나도 모르게 큰 숨을 쉬게 되고 울화가 치미는 것 같았다. 안 하던 짓을 하니 주위 사람들이 왜 그러냐고 할 지경이었다. 한 번씩 휘청할 정도로 온몸에 힘이 빠져나가는 것 같은 느낌이 들기도 하고 팔다리가 안 움직여질 정도로 굳어지는 것 같았다.

길을 걷다가 갑자기 넘어지기도 하고 물건을 잘 떨어뜨려서 스스로 감당하기가 힘들었다.

도대체 왜 이러는지 알 수가 없었다.

견디다 못해 결국 병원을 찾았다. 처음에는 동네 의원에서부터 차츰 종합병원까지 가게 됐다.

큰 병원 전문병원 누가 잘한다는 소리만 들어도 찾아가서 진료를 받았지만 대답은 모두 같이 정상이라고 했다.

어딜 가서 무슨 검사를 해도 대답은 같았다.

너무나 정상이고 아무 문제가 없으니 신경쓰지 말고 마음 편하게 지내라고 했다. 아무리 검사상에 이상이 없다고 해도 내 육신은 이미 내 마음대로 움직이지를 않고 점점 고통이 심해지고 있었다.

병원에서 주는 거라고는 신경안정제 종류라고 했고 신경과에 갔지만 마찬가지였다. 특이사항은 없다고 했다.

한동안 병원 순례가 계속되었고 나아지는 건 아무것도 없었다. 거의 스스로를 포기할 즈음 갑자기 머리를 스치는 게 있었다. 병원에서 아무 이상이 없다면 혹시?

왜 그 생각을 못 했지?

누군가 들어오면 그렇다는 걸 이론으로는 알면서도 내가 막상 겪으니 잊고 있었다. 나에게는 그런 일이 일어나지 않을 거라는 안일한 생각을 하고 있었다니 머리를 한 대 쥐어박고 싶었다. 급하게 절에 올라가 법당에 앉았다.

내 몸에 와 있는 이가 누군지 알기 위해 마음을 고요히 가라앉히고 스스로를 바라봤다. 한동안 시간이 흘렀지만 알 수가 없었다. 과연 누가 와서 이런 일이 생기는가 되돌아보고자 했지만 아무리 애를 써도 알 수가 없었다.

어쩔 수 없이 포기를 하고 여기 머물지 마시고 좋은데 가시라고만 했다. 나는 아무것도 해 드릴 수가 없으니 해 드릴 수 있는 분을 찾아가시라고 했다.

그렇게 법당에 앉아 기도로 몇 시간을 보냈다.

조금은 가벼워지는 듯했지만 해결이 되지는 않았다.

며칠이 지나 스님을 뵙게 됐다.

내 개인적인 사정으로 공부하시는 스님을 번거롭게 해 드리는 게 죄송해서 말씀을 못 드리고 우연히 뵙게 되기만 기다렸다.

스님께서는 보시고 바로 점검을 하셨고 점검을 하면서 드러난 영가는 말도 못하고 눈도 못 뜨고 울기만 했다.

내가 느끼기에는 힘도 하나도 없어서 자꾸 눕고 싶은 마음뿐이었다. 가슴도 답답하고 할 말은 많은데 입이 열리지 않는 기분이었다.

스님께서 야단을 치시면서 가라고 했지만 울기만 하다가 어쩔 수 없어서 나가는 듯 했다. 점검이 끝나고 눈을 뜨라고 하시지만 눈꺼풀이 올라가지를 않아서 눈을 뜰 수가 없었다.

팔다리에는 힘이 하나도 없어서 움직이기조차 버거웠다.

결국 스님께서 손으로 눈꺼풀을 들어 올리면서 기를 불어 넣어 주시며 억지로 눈을 뜨게 하셨고 시간이 지나자 차츰 내 정신으로 돌아오는 것 같았다.

스님께서는 언니가 어떻게 죽었느냐 말도 못 하고 몸도 못 움직이냐고 물어보셨고 그제서야 식물인간 상태로 죽은 언니가 생각났다.

언니와 형부는 건강 검진을 받으러 가던 길이었다.

그런데 덤프트럭이 추월하면서 사고가 일어났고 차는 논두렁으로 떨어지고 언니는 창문으로 튕겨 나와 논바닥에 거꾸로 박혔다. 다행히 부부는 목숨에는 지장이 없었고 형부는 몇 달 후에 정상적인 생활로 돌아갈 수가 있었지만 언니는 하반신이 문제가 생겨 휠체어를 타는 신세가 되었다.

비록 큰 사고를 당하기는 했지만 언니와 형부는 재활 치료와 함께 일상으로 돌아가 여행도 다니고 나름대로 평범한 생활을 하는 듯하다가 사고의 후유증인지 언니는 뇌졸중이 와서 쓰러졌고 병원에서 다시 수술을 받았지만 사람을 알아보지 못했다.

형부에게는 누구신데 저한테 그렇게 잘해주시느냐며 미안해하기도 하고 아이들조차 알아보지를 못해 가족들을 안타깝게 했다.

비록 사람을 알아보지는 못했지만 일상적인 대화나 생활에는 이상이 없었다.

오히려 이런저런 걸 챙기면서 주변 사람을 도와주기까지 했다.

일반 상식이나 지식적인 면에서는 나름대로 기억하면서 가족은 아무리 알려줘도 생각이 안 난다고 했다.

그렇게 시간이 지나자 전신 마비가 오기 시작했고 결국에는 식물인간 상태로 목숨만 연명하는 지경에 이르렀다.

형부나 아이들의 극진한 간호에도 불구하고 식물인간 상태로 몇 년을 버티다가 깨어나지 못하고 결국 먼 길을 가고 말았다.

형부는 마치 자신의 잘못인 양 가슴 아파했고 아이들은 엄마 잃은 설움에 목 놓아 울었다.

언니가 세상을 떠난 지 십수 년이 지났고 그렇게 언니는 내 기억속에서 사라져갔다.

자초지종을 들으신 스님께서는 언니가 못 떠나고 여기저기 기웃거리고 다닌다고 하시면서 기도를 제대로 해줘서 보내라고 하셨다.

스님께 감사 인사를 드리고 나오면서 황당하기만 했다.

언니가 죽은 지 십수 년이 넘었는데 아직 안 가고 헤매고 다닌다는 게 마음이 아팠다. 언니는 무슨 할 말이 있어서 그럴까?

그렇게 한고비를 넘기나 했더니 며칠 지나지 않아서 또 같은 증상이 나타났다.

언니가 다시 찾아온 거였다.

스님께서는 할 말을 하라고 하셨지만 죽을 때 말을 못 하는 상태로 죽은 언니는 자신이 말을 못 한다고 믿고 있어서 아무리 애를 써도 말을 하지 못했다. 가슴을 치기도 했다가 울기도 했다가 답답하다고 했지만 말을 하지는 못했다.

보다 못한 스님께서 말을 할 수 있게 말문을 열어줄 테니 말을 해보라고 하셨고 몇 번이나 반복된 말씀에 마치 기적처럼 말을 하기 시작했다.

일찍 죽은 억울함과 아이들과 형부에 대한 애착이 강해서 갈 길을 갈 수 없다고 도와달라고 울면서 하소연을 했다.

그렇게 언니는 쏟아내듯 할 말을 했고 스님께서는 두 번 다시 여기 오지 말라는 말씀과 함께 가라고 설득을 하셨다. 도움을 받고 싶으면 자식들과 남편에게 가서 이야기해야지 동생이 무슨 힘이 있다고 여기 와서 이러느냐고 하셨다.

언니는 스님의 불호령에 어쩔 수 없이 있던 곳으로 돌아간다고는 했지만 마지못해 가는 게 역력했고 아무도 자신을 도와주지 않는다고 서운해했다.

그런 언니가 마음에 걸려 믿든 안 믿든 말이나 해보자 싶어서 형부를 찾아갔지만 아이들과 형부는 믿지도 않았고 귀담아듣지도 않았다.

어쩌면 속으로 내가 이상해졌다고 생각하는지도 모르겠다. 내가 여력만 된다면 못 도와줄 것도 없지만 나도 사는 게 힘들어서 어쩔 수가 없었다.

하지만 그 이후로도 언니만 오면 내 몸이 갑갑해지고 말문이 막히고 온 몸이 힘이 없으면서 자꾸 드러눕고 싶은 마음이 들어 이러지도 저러지도 못하고 기도만 해주는 수 밖에 없었다. 머물지 말고 좋은 데 가시라고 기도하는 것 말고는 방법이 없었다.

죽을 때 의식이 그대로 남아 있어서 죽을 때 말을 못 하던 영가는 죽어서도 말을 못 한다는 말씀을 언니를 통해 실감할 수 있었고 언니만 오면 말이 안 나오는 것도 온몸에 힘이 하나도 없는 것도 결국 육신에 어떤 영혼이 들어오는가에 따라 달라진다는 걸 확실하게 공부했다.

늘 이 몸은 껍데기일 뿐이라는 스님의 말씀을 이제야 조금은 알 것 같았다.

내가 언니를 위해 해줄 수 있는 게 아무것도 없다는 게 마음이 아팠지만 그나마 기도라도 정성들여 해 줄 수 있어서 다행이다 싶기도 했다.

'언니~ 부디 좋은 곳으로 가서서 좋은 몸 받으시고 다음 생에는 오래오래 건강하게 가족들하고 오순도순 행복하게 사십시오.'

죽을 때 말을 못 하던 영가는 죽어서도 말을 못 한다.

죽는 순간 가진 의식이 죽어서도 그대로 나타나기 때문이다.

살아서 어떤 생각과 마음으로 사느냐에 따라 죽어서도 다음 생도 결정된다.

60세를 넘기지 못한 영혼과 마음에 원한이 있는 영혼은 갈 길을 가지 못하고 우리 주변을 맴돌면서 우리에게 자신의 뜻을 전하고 도움을 받고자 한다.

젊어서 죽은 영혼은 하고 싶은 것과 해야 된다고 생각하는 일이 얼마나 많겠는가? 그러니 길 떠나기가 쉽지 않을 것이다. 살아 있을 때 의식이 바뀌어 가야 한다.

물질이든 사람이든 집착을 하게 되면 떠나지 못하고 그곳에 머물게 된다.

어느 것이라도 집착을 하면 안 된다.

여행

모처럼 친구들끼리 여행을 가기로 했다.

오래전부터 모아둔 돈이 꽤 많은 액수가 되자 다들 여행을 가고 싶어 했다.

오래된 친구들이지만 먹고 살기 바쁘다는 핑계로 좀처럼 시간을 만들기가 쉽지 않았다. 1년이라는 시간이 걸려 억지로 맞추고 맞춰서 가게 된 여행이었다.

열흘간의 유럽 여행은 너무나 즐거웠다.

떠나는 순간부터 열흘간의 시간은 무엇을 했는지도 모르게 빠르게 지나갔다. 일상에서 벗어나 모든 것에서 자유로워지는 시간이라니... 차 한잔 밥 한 끼 같이 먹기 힘들어하던 우리에게 그 시간은 너무 소중했다.

설령 모르는 사람들과 여행을 왔더라도 좋았을 시간인데 마음 맞는 친구들과 오랜만에 갖는 시간이니 얼마나 행복했는지 모른다.

집으로 돌아오는 비행기 안에서도 마냥 신나기만 했다.

일상으로 돌아간다는 아쉬움도 있지만 열흘 동안의 추억은 모든 걸 덮을 정도로 즐겁고 감사했다.

그런데 아침부터 허벅지가 이상했다.

뭔가 모를 뻐근함과 이유를 알 수 없는 근육의 꿈틀거림...

어제 너무 무리를 했나?

어제 오후 여행의 마지막 시간이라고 일정에도 없는 승마를 했었다. 모두 말을 처음 타 보지만 재미있어했고 여유로움을 만끽하며 마치 중세의 백작 부인이라도 된 것처럼 허세를 떨면서 웃고 떠들며 시간을 보냈었다.

생각보다 긴 시간을 말을 타기는 했었다. 그렇다고 이렇게까지 아플 정도는 아닌데... 집에 가서 쉬면 낫겠지 하면서 무시했다. 그런데 집으로 돌아와도 낫지를 않고 오히려 통증이 더 심해졌다.

며칠이 지나도 통증은 가라앉지 않고 점점 견디기가 힘들어 병원을 찾았다.

병원에서는 아무 이상이 없다고 했고 당분간 아무것도 하지말고 쉬라고 했다.

고통은 심해지는데 아무 이상이 없다는 게 답답하기만 했다.

여기저기 병원을 찾아다녔고 나중에는 다리를 잡고 있어야 할 지경이었다. 그렇게 하루하루 억지로 버티고 있는데 친구가 찾아 왔다.

그동안 있었던 일을 모두 이야기하고 병원에서도 아무 이상이 없다는데 너무 힘들다고 하는 나를 가만히 보더니 어딘가로 가잔다. 아무 말도 못 하고 친구를 따라 갔다.

어디로 가느냐고 물어보지도 않았다.

묻고 따지고 하기에는 다리가 너무 아파서 아무 생각도 할 수가 없었다. 친구와 함께 도착한 곳은 절이었다.

법당에 들어가 아픈 다리를 끌고 억지로 인사를 하고 나자 친구는 스님 앞으로 데리고 갔고 언제 전화를 드렸는지 스님께서는 기다리고 계셨던 듯했다.

스님께서는 편안한 자세로 눈을 감고 앉으라고 하셨다.

다리가 아프면 편 채로 편하게 있으라고 하셨다.

의아해하는 나에게 친구는 웃기만 했고 나는 시키시는 대로 할 수 밖에 없었다.

"나와~ 거기 왜 있어?"

스님께서는 갑자기 누군가에게 나오라고 하셨다.

"나와! 나오라니까!"

스님 목소리는 점점 커져갔다.

도대체 누구보고 어디 있는데 나오라고 하시는지 당황스러웠다. 분명 나보고 하시는 말씀은 아니실텐데 이게 무슨 상황인지 알 수가 없었다.

"보살님은 신경 쓰지 말고 가만히 계세요~"

무슨 말씀이신지를 몰라 한참을 헤매고 있는데 가만히 있으라시니 답답하기는 하지만 그냥 멍하니 앉아 있었다.

"나와! 왜 안 나오지? 빨리 나와! 나오라니까! 나와~"

"우리 말을 못 알아듣는 것 같은데..."

"거기~ 거기 가슴에 계신 분 나오세요~"

"가슴에 계신 분~ 다리로 가세요!

다리에 뭐가 있습니까?"

"말(馬)이 있는 것 같은데 맞습니까? 맞아요?"

끄덕끄덕

'아니 내가 왜 고개를 끄덕이지? 지금 내가 끄덕인 거 맞아?'

"아 ~ 그럼 거기 왜 있어요? 왜 말이 거기 있습니까?

한국말을 못 알아듣습니까?"

끄덕끄덕

'아니 진짜 내가 고개를 끄덕이는 거야? 왜?'

"그럼, 말 고삐를 잡을 수 있습니까? 잡을 수 있겠어요?"

끄덕끄덕

'도대체 이게 무슨 상황이지? 나는 가만 있는데 왜 저절로 고

개가 움직이지?'

"잡았습니까? 그럼 데리고 나가세요~ 말을 데리고 몸에서 빠져나오세요~ 말이 몸에서 나갈 수 있게 고삐를 잡고 밖으로 나오세요~"

"나갔습니까?"

끄덕끄덕

"예~ 됐습니다. 고맙습니다~"

스님께서는 알 수 없는 말씀을 한참 하셨다.

'근데 내가 왜 고개를 끄덕였지? 마치 말씀에 답이라도 하듯이 고개를 끄덕였는데... 이건 뭐지?'

시간이 얼마나 지났을까 이제 됐으니 눈을 뜨라고 하셨다.

"어디 외국에 다녀오신 모양이지요? 말(馬)이 한국말을 못 알아듣는 걸 보니..."

여행지에서 죽은 말의 영혼이 엉겁결에 내 다리에 들어왔고 이말이 나가지를 못해서 내 다리가 아팠던 거라 하신다.

외국에서 자란 말이라 우리나라 말을 알아듣지를 못해서 내보내기가 힘들었던 거라고 하시며 말이 불안해서 버둥거릴수록 다리는 더 아팠을 거라고 하신다.

일어나서 걸어보라 하시는데 걸어볼 필요도 없었다.

누군가보고 데리고 나가라고 하실 때 알 수 없는 시원함이 느껴졌었다. 그래도 혹시나 해서 일어나 보니 역시 아픈 흔적조차 없었다.

스님께서는 말의 영혼이 있던 자리가 당분간 아플 수도 있다고 하셨지만 그동안 아팠던 통증을 생각하면 이 정도는 아픈 게 아니었다.

그렇게 아프던 다리가 어떻게 이렇게 나을 수 있는지 신기하기만 했다. 감사하다는 인사를 어떻게 드렸는지도 모르고 밖으로 나왔다.

다리가 나았다는 게 희한하고 말 영혼이 있다는 것도 신기하고 말 영혼이 내 다리에 들어와서 아팠다는 게 믿기지 않고 말 영혼이 나갔다고 아픈 자리가 거짓말처럼 안 아픈 건 더욱 믿을 수 없고... 이걸 도대체 어떻게 받아들여야 하지?

내가 직접 겪지 않았다면 미친 소리라고 듣지도 않을 일인데 그렇게 아프던 다리가 당장 아무렇지도 않으니 안 믿을 수도 없고... 아무리 생각해도 황당하기만 했다.

근데 스님은 그걸 어떻게 아시지?

다리에 말 영혼이 들어온 걸 어떻게 아셨을까?

아!!!

가슴에 계신 분!

그분은 누구지?

말씀하시는 분위기를 보면 내 가슴에 누군가가 있다는 거였는데... 내 가슴에 누가 있다고?

분명히 가슴에 계신 분 보고 말 고삐를 잡고 나가라고 하셨던 것 같았는데... 맞나? 아닌가?

가슴에 계신 분하고 스님은 어떻게 말이 통하지?

아까 스님께 여쭤봤어야 했는데...

다른 날 와서 여쭤보면 답을 주실까?

어째서 내가 고개를 끄덕였지? 뭐지?

분명히 내 의지와 상관없이 내가 고개를 끄덕이고 있었는데?

그분이 끄덕였다고? 진짜로?

그럼 그분이 누구지?

오늘 나에게 도대체 무슨 일이 일어났던 거지?

다른 사람에게 이야기하면 이걸 믿을까?

당장 남편부터 나보고 미쳤다고 하지 않을까?

그럼 아픈 다리가 나은 건 어떻게 설명하지?

며칠 동안 아프던 다리가 너무나 멀쩡한 건 어떻게 이해해야 하지? 영혼이 사람 몸에 드나든다고?

그럼 그분은 언제 내 가슴에 들어와 있는 거지?

어떻게 이런 일이...

내림

기억 속의 엄마는 늘 몸이 아팠다.

수시로 주무르라고 하고 엎드려 있으면서 밟으라고 했으며 그럴 때마다 끙끙 앓던 신음 소리가 듣기 싫어 얼굴을 찡그리곤 했다.

또 하나의 기억은 자고 있는 우리를 깨워서 어딘가를 보고 절을 하라고 닦달을 하던 고모였다.

저렇게 아파서 못 견디는데 모실 때는 이유가 있겠지 하면서 엄마 안 아프게 너희들이라도 인사를 하라고 하셨던 일이 있었다.

다른 자매는 고모가 시키는 대로 절을 하고 들어가 잤지만 나는 끝까지 절을 하지 않고 짜증만 부리고 버텼던 적이 있었다.

그때는 그게 뭔지를 몰랐다. 늘 몸이 아파 힘들어하던 엄마를 보고 자란 나는 무슨 일이 있어도 아프단 소리를 안 했고 잠을 잘 때 말고는 절대 눕지 않았다.

그런 내가 나이 오십을 넘기면서 엄마가 힘들어하던 신병을 앓고 있다. 지난 삶을 생각해보면 어쩌면 나 스스로 알고 있었던 게 아닌가 싶다.

젊어서 나는 보험 회사에 다녔다.

보험왕을 할 정도로 일은 잘 됐고 돈도 많이 벌었다. 보험을 권유할 때 유독 꼭 넣으라고 했던 사람들은 나중에 알고 보면 어김없이 중병에 걸리거나 사고가 났었다. 개중에는 죽은 사람도 있었다. 지금 생각해보면 나는 몰라도 신이 먼저 알고 알려 준 모양이었다.

신이 있어서 알려주는 줄도 모르고 다른 사람들이 영이 맑아서 그렇다고 하는 말을 진짠 줄 알고 좋아했었다. 시간이 지나면서 유독 권하고 싶은 사람에게는 거의 강제로 보험을 넣게 만들어 나중에는 내 말 듣기 잘했지 않느냐고 생색을 내기도 했다. 물론 다 맞췄던 건 아니지만…

그때는 거의 모든 일이 내 마음대로 이루어졌다.

건강도 타고 났는지 밤에 잠을 안 자도 피곤한 줄도 모르고 죽기 살기로 일을 했고 일도 잘 풀려서 세상에 안 되는 일이 없는 줄 알았다.

돈만 잘 버는 게 아니라 음식도 종갓집 딸이라 솜씨가 좋았다. 주변 사람들에게 음식으로 생색도 내고 영업도 음식을 해주면서 하니 다른 사람보다 잘 되는 건 당연한 일이었다.

장삿집은 제때 밥을 못 먹는데 반찬을 해주니 거절을 못 하고 보험을 넣을 수 밖에 없었고 나는 당연하다고 생각했다.

그러나 나이가 들어가면서 몸도 아프고 보험도 안 되기 시작했다.

남편은 공기업에 다녔고 큰아들은 외국 유학 중이었으며 작은아들도 독립해서 큰 걱정은 없었다.

문제는 남편이었다.

학창시절 운동선수였던 남편은 건강에는 늘 자신있어 했지만 언제부턴가 시들시들 아프기 시작했다. 내 몸이 아픈 건 참을 수 있었지만 남편의 병수발은 정말 힘들었다. 원래 가정적이던 남편은 집에만 있으려고 하고 모든 걸 내가 해주기를 원했다.

남편은 점점 병이 심해져 혼자서는 앉아 있지도 못했고 몸에 좋다는 건강식품은 물론이고 소위 말하는 민간약이란 건 가리지 않고 다 해 먹었고 병원은 서울대 병원까지 전국을 다 다녔지만 소용이 없었다.

결국 포기를 할 즈음 남편은 살고 싶다고 하면서 나중에는 굿이라도 해보자고 했다.

오죽하면 저럴까 싶어 아는 지인의 할머니가 무당이어서 가서 굿이란 것도 했지만 잠시 괜찮은 듯하다가 다시 아파 드러누웠다. 뭔가를 모시면 남편도 낫고 영업도 잘된다고 해서 굿을 했던 것 같다.

그러던 어느날 무당 할머니가 집으로 찾아 왔다.

할머니는 막무가내로 보자기를 풀면서 허공에 뭘 모신다고 했다. 집에 뭘 모시는 건 안 된다고 했지만 무당 할머니는 들은 척을 안했다.

보자기에 쌀을 부으면서 숟가락을 세운다고 했고 숟가락은 서지를 않았다. 아무것도 모르는 내 눈에는 숟가락이 어떻게 설 수 있는지 이해할 수 없었다.

몇 번을 세우다가 실패하고 할머니는 햅쌀이 나오면 다시 하자고 하면서 다 싸서 돌아갔다.

그날 밤 꿈인지 뭔지 모르는 순간 20센치 정도 되는 새까만 뱀이 문틈 사이로 침실로 들어가는 걸 봤다. 깜짝 놀라서 여기저기 살펴봤지만 아무것도 보이지 않았다. 내가 잘못 본 모양이라고 생각하고 자려고 침대에 올라갔더니 겉보기에는 분명 멀쩡한데 나는 물구덩이 속에 누운 것 같았고 내 손에는 축축한 게 느껴졌다.

깜짝 놀라 남편에게 물어보니 무슨 소리 하느냐고 아무렇지도 않다고 했고 그럼에도 그 축축하고 기분 나쁜 느낌때문에 나는 잠을 잘 수가 없었다.

무당 할머니를 소개한 지인에게 이야기를 했더니 할머니는 그게 얼마나 좋은 건데 그러냐고 오히려 나를 나무랐다.

아무리 그래도 침대에 누울 수가 없어서 며칠을 남편이 잠들고 나면 소파에 나와서 자는 걸 반복하다가 너무 힘들어서 친한 언니에게 하소연을 했다.

언니는 처음부터 자기에게 이야기를 안 했다고 야단을 치면서 또 다른 무당을 소개했고 그 무당은 뱀이 들어온 지 일주일이 안 됐다고 했더니 다행이라면서 기운 정리를 하자고 했다.

뭘 어떻게 했는지는 모르지만 거기서 또 다른 굿 같은 걸 하고 난 뒤 그 무당은 괜찮아질 거고 꿈으로 보여 줄 거라고 했다.

그 일이 있고 난 후 침대는 괜찮아졌고 잠을 잘 수가 있었다.

그 뒤 언젠가는 모르겠지만 꿈을 꿨고, 꿈에 왕관을 쓰고 미스코리아들이 들고 있는 막대기 같은 걸 손에 든 드레스를 입은 선녀 같은 느낌의 여자와 짧은 머리를 고슴도치처럼 묶은 방망이를 든 도깨비가 침대 쪽을 쳐다보며 방망이를 휘둘렀지만 사람에게 닿지는 않았고 옆에서 선녀 같은 여자는 빙그레 웃고 서 있었다.

이 꿈이 어떤 의미를 가지는지도 몰랐고 그냥 무시했다. 침대의 축축한 느낌은 소름 끼칠 정도로 기분이 나빴기에 편하게 잠을 잘 수 있다는 데만 급급해서 알려고 하지도 않았다.

문제는 그 후부터 우환이 생기기 시작했다.

아파트 입구에서 오토바이 퍽치기를 당해서 가방은 물론이고 길에 쓰러진 채 정신을 잃고 있다가 죽을 뻔한 사고를 당했다. 정신을 차려보니 얼마나 놀랐던지 오줌으로 옷이 다 젖어서 엉망이 되어 있었다.

마침 명절 앞이라 가방에는 보험료 받은 돈이 많이 들어 있었다. 그때는 거의 모든 걸 현금으로 결재하던 시절이었다. 그것도 모자라 집에 도둑이 들어서 가지고 있던 귀금속을 모두 잃어버렸다. 경찰에 신고를 하고 병원을 다니고 했지만 어떤 것도 해결은 되지 않았고 모든 게 꼬여만 갔다.

그 와중에도 주변에 내색을 하지는 않았다.

언니에게 소개받은 무당과는 그 후로 자주 만나게 되어 작은 일도 의논하고 돈만 생기면 처방을 받으며 같이 산에도 다니고 했다.

남편도 조금씩 나아지는 듯 했다.

그러다 보니 내 주변 사람들을 많이 소개하게 되었다.

그러던 어느 날 소개한 지인과 함께 무당을 따라 산에 가게 되었다. 이 무당은 늘 산에 가서 굿을 했다. 징이나 꽹과리를 치는 건 아니지만 과일을 차리기도 하고 어떤 때는 밥과 나물을 차리기도 하면서 사람마다 처리하는 게 달랐다.

굿을 하고 과일이랑 음식을 산짐승에게 준다고 숲으로 들고 가고 있었다. 그런데 어디서 나타났는지 멧돼지가 나타나 나를 들이받고 가는 일이 생겼다. 산이 깊다고는 해도 대낮에 멧돼지가 나타날 정도는 아니었고 여름이면 캠핑장이 운영될 정도의 계곡인데 어떻게 그런 일이 일어날 수 있는지 도저히 알 수가 없었다.

얼굴이 찢어져서 피가 쏟아졌고 너무 놀란 나머지 정신을 차릴 수가 없었다. 큰 수건 하나로는 감당이 안 될 정도로 피는 쏟아져 나왔고 가까운 병원을 찾을 수 밖에 없었다.

병원에 가서 수십 바늘을 기웠지만 지금도 흉터는 남아 있다.

왜 나에게 그런 일이 일어났는지 알 수가 없었다.

한때 잘나가던 내가 어쩌다 이 꼴이 됐나 싶어 자존심도 상했다. 이유야 어찌 됐든 가지고 있던 돈은 흔적도 없이 사라지고 몸은 시름시름 아팠으며 남편은 다시 병이 깊어지고 있었다.

남편을 위해서 좋다는 건 전부 다 했다. 전국 방방곡곡을 헤매고 다니면서 별짓을 다 했지만 소용이 없었다. 그러다 우연히 소개받은 스님께 억지로 목숨을 구걸하게 되었다.

스님께서는 우리가 기운이 너무 안 좋다고 하시면서 만나주지도 않겠다고 하셨지만 내치지는 않으셨다. 이미 우리에게는 빚밖에 남은 게 없는 상태라 할 수 있는 게 아무것도 없었다.

집을 팔아 빚을 갚았지만 완전히 정리되지도 않았다.

시간이 지나자 남편은 살고 싶다고 하면서 절에 들어갔다.

나에겐 너무 잘된 일이었다.

어차피 일도 안되고 돈이 없어서 남편을 위해 뭔가를 해줄 수도 없었다. 남편 때문에 건강식품은 물론이고 병원이며 굿까지... 비록 남편은 모르지만 굿을 하는데도 많은 돈이 들었고 결국 가지고 있는 돈은 다 쓸 수 밖에 없었다.

물론 유학 가 있는 큰아들 때문에 목돈이 든 것도 사실이다.

이제 남은 건 빚밖에 없었지만 한때 잘 나가던 나는 현실을 인정할 수 없었고 언젠가는 다시 돈을 벌 수 있을 것 같은 환상을 가지고 있었다.

남편이 절에 들어간 덕분에 내 몸은 아팠지만 견딜 만은 했다.

남편은 차츰 괜찮아졌고 나는 여전히 괴로움을 당해야 했다.

그래도 내 몸 아픈 거는 참을 수 있었다.

절에 다니면서 증세가 완화되었다고는 하지만 나타나는 반응은 정말 다양했다. 몸이 나무토막처럼 뻣뻣하게 굳어 있고 팔다리에서는 냉기가 나와서 한여름에도 감기와 기침, 가래가 끝없이 이어졌다.

기도를 하려고 하면 등 뒤에서 누군가 처다보고 있는 듯한 느낌이 들었고 밤 10시가 넘어가면 온몸이 가려워 피가 날 정도로 긁다가 날이 새고 아침에 긁은 자리를 찾아보면 흔적도 없이 깨꿋했다.

목이 뻐근해서 고개를 뒤로 젖히려고 하면 조금도 넘어가지를 않았고 귀에서는 가끔 폭탄이 터지는 듯한 소리가 나서 깜짝깜짝 놀래곤 했다.

자궁 쪽에서는 거위 알만한 것이 뭉툭거리며 빠져나오고, 얼굴에서는 내 눈에만 보이는 라면같은 꼬불꼬불한 실이 하염없이 흘러내리고, 두 눈은 번갈아 가며 핏줄이 터져서 눈병 환자처럼 눈동자가 벌겋게 되어 있었고 눈을 감으면 까만 눈동자 속에 빨간색 가운데 하얀 십자가가 오른쪽 눈에만 보이다가 2년이 지나서 없어졌다.

오른쪽 손가락 두 개가 펴지지를 않아서 내 손으로 주물러서 펴는데도 너무 아파서 제대로 펴는데 애를 먹었고 이런 현상이 없어지는데 2년이 걸렸다.

두 무릎에는 마치 바늘이 꽂혀있는 것처럼 아팠으며 자다가 몸이 굳어 와서 억지로 일어나 움직이려 해도 무릎이 바닥에 닿으면 수백 개의 바늘이 꽂혀 있어서 견디기 힘든 통증으로 일어날 수가 없었고 가만있으면 온몸이 쥐가 내려 이러지도 저러지도 못할 정도로 고통이 왔으며 한밤중에 오른쪽 코에서 코피가 1시간 동안 덩어리째 쏟아져 나와서 화장실에서 꼼짝 못 하고 갇혀 있기도 하고 등에서는 지렁이가 기어가듯 뭔가가 꿈틀거려서 아무 일도 할 수가 없었으며 일이 있어서 밖으로 나가면 잠이 너무 와서 운전을 할 수가 없어 구석진 곳에 차를 세워두고 졸다가 아침을 맞은 적이 한두 번이 아니었다.

배가 너무 아파서 배를 만져보면 딱딱한 덩어리가 잡히고 그 덩어리를 누르고 있으면 마치 튀어나올 듯이 벌떡거렸다.

얼굴은 밤낮없이 수시로 퉁퉁 부어올랐고 눈두덩은 시도 때도 없이 푸르죽죽했다가 벌겋게 됐다가 시커멓게 변했다가를 반복했다.

신병이 아무리 심하다고 해도 나처럼 많은 반응이 일어나는 사람은 처음이라고 스님은 말씀하셨다. 어느 한 군데 어느 한 가지 나타나지 않는 반응이 없었고 많은 사람에게서 일어나는 반응을 나 혼자 다 하고 있었다.

그만큼 나는 힘들고 괴로웠다.

그러나 신병임을 알기에 참고 견디는 수 밖에 없었다.

병원 간다고 해결되지 않는다는 걸 누가 말해주지 않아도 스스로 알고 있었다. 오직 내 자식에게 똑같은 고통을 겪게 할 수는 없다는 생각뿐이었다.

엄마가 앓던 신병…

내 자식에게는 절대 줄 수 없다는 마음이었다.

스님께서 시키시는 대로 하다보니 차츰 몸은 나아가는 듯했다. 죽을 것 같은 고통도 울면서 건뎌야만 했다.

어느 누구도 대신할 수 없고 오직 내가 지은 업을 내가 받아야만 한다는 생각에 다른 이에게 말을 할 수도 없었다.

그렇게 견디고 버티는 시간이 지나가자 내 속에서 나를 무당으로 만들려는 게 누군지도 드러나기 시작했다.

엄마가 모시던 신이었다.

늘 몸이 아팠던 엄마는 신줏단지 비슷한 뭔가를 모시고 있다가 그걸로는 해결이 안 되자 죽기 약 삼사 년 전에 신을 완전히 받아서 무당이 되어 굿을 하러 다녔고 뭘 잘못했는지는 모르지만 신이 쳐서 갑자기 돌아가셨다.

그 이후로 우리 집은 서서히 이상하게 변해갔다.

큰 오빠도 얼마 지나지 않아서 죽었고, 언니도 교통사고 후유증으로 고생하면서 몇 년을 버티다가 결국 죽었고, 큰동생은 제부가 매일 술을 먹고 와서 행패를 부렸고, 둘째 동생은 남편이 정신 병원을 들락거리는 건 물론이고 하루 만에 전 재산을 날리는 이상한 짓을 하고 다녔고, 셋째 동생은 이혼은 물론이고 연락조차 되지 않았고, 넷째 동생은 아이를 낳고 죽었고, 막내는 결국 정신 병원에 장기 입원을 해야 하는 일이 일어났다.

결국 우리집은 신바람이란 걸 맞은 거라고 한다.

신을 잘못 모셔서 신바람을 맞은 거다.

게다가 그 신은 나도 모르는 사이에 나에게 와있었다.

지금 생각해 보면 남편도 신이 쳐서 몸이 아픈 거였다.

신이 남편 병때문이라는 핑계로 돈도 다 나가게 만들었다. 그 신은 몇천 년 된 구렁이 몸을 받은 영감이었다.

구렁이 몸을 받은 영감은 힘이 좋아서 어지간해서는 아프지도 않고 잠을 못 자도 피곤하지도 않았고 언제나 활력이 넘쳤다.

누구든지 만나면 이야기하느라고 다른 일이 있어도 만사를 제치고 이야기를 했고 하루종일 이야기를 해도 피곤한 줄을 몰랐으며 오히려 말을 하면 할수록 신이 나고 힘이 났다.

구렁이 영감은 내가 절 일을 못 하게 하려고 방해를 했고 다른 사람들과 사이를 이간질 시켜서 절에 못 오게 하려고도 했으며 어떤 핑계를 만들어서라도 절 밖에 나가 있으려고 했다.

그동안 쓰던 규모가 있어서 아무리 줄여도 돈은 모자랐다. 항상 돈은 넘치게 가지고 있었기에 쪼들리는 생활은 견디기 힘들었다.

내가 어쩌다 이 지경이 됐나 싶어 울기도 하고 짜증도 부려보고 신경질도 내 보지만 신에게 힘만 실어주는 꼴이었다.

신은 수시로 누군가를 미워하게 만들었고 언제나 속이 부글부글 끓게 했다.

게다가 나에게는 내가 모신 선녀도 있었다.

엄마가 모시던 신이 워낙 커서 마음대로 드러나지를 못했지만 순간순간 나와서 내가 절에서 뛰쳐나갈 핑계를 만들기에 바빴다. 언제나 돈 때문에 허덕였고 빚은 늘어만 갔다.

그러던 중 젊어서부터 친한 지인이 곁으로 다가왔다.

남편을 암으로 보내고 자신도 암에 걸려 요양하러 와있었다.

지인은 나와 노후를 약속할 정도로 친하게 지냈다.

나는 음식과 이것저것을 챙겼고 지인은 돈 때문에 힘든 나에게 돈을 챙겨줬다. 지인은 원래 몸이 약하고 소식하는 사람이었고 어릴 적부터 부유하게 살아서인지 집안일을 잘 하지는 못했다.

지인의 내면에도 할머니가 있었고 내 안의 영감과는 특별한 인연이 있다고 했다.

모르는 사람이 봐도 우리 둘은 전생에 부부였을 거라고 할 정도로 잘 지냈다. 금방 좋아서 어쩔 줄을 모르다가 금방 삐져서 티격태격하면서도 없으면 안 되는 사이였다. 세상살이로는 남편끼리 친한 지인 사이지만 내면의 두 사람은 연인 사이였다.

그런데 문제가 생겼다.

몸이 아픈 지인에게 영감이 건너가서 귀접을 한다는 거다. 몸이 아프다보니 항상 예민해 있는 지인이 뭔가 이상함을 느끼고 알아보니 영감 할멈이 귀접을 했다. 안 그래도 몸이 아픈데 귀접으로 기를 뺏기고 나면 몸이 더 힘들 테니 가까이 할 수가 없었다. 그러나 영감은 할멈 곁을 떠나지 않으려 했다.

할멈도 수시로 영감을 찾아오고 불러들였다. 아무리 멀리 있어도 서로 불러서 귀접을 했다. 거리는 아무 상관이 없었다.

귀신들은 마음만 먹으면 그 자리에 가 있었다. 더구나 이들은 자기들 입으로 몇천 년을 살았다고 했다. 두 사람이 마음의 끈을 끊어야 했다. 육신은 생각을 안 한다고 해도 그들은 끈질기게 붙었다.

스님께서 기로써 못 만나게 막으니까 지인의 몸속에 아예 신혼방을 꾸미기까지 했다.

암에 걸린 지인을 살리기 위해서는 귀접을 막아야 했다.

결국 나는 거처를 옮기는 수 밖에 없었다.

그래도 그들은 찾아가고 찾아와서 귀접을 했다.

할매와 영감은 서로 좋아서 어쩔 줄을 몰라 했고 틈만 나면 귀접을 했다. 두 사람 사이에 연결되어있는 모든 걸 끊어야 했다.

물질이든 감정이든 마음이든 생각이든 그 어떤 것도 용납할 수가 없었다. 지인뿐 아니라 내 안에 있는 영감을 정리하기 위해서도 선택의 여지가 없었다.

남아 있던 집을 마저 정리해서 빚을 갚았고 지인에게 받던 돈을 보내지 말라고 했다. 지인에게 진 빚을 갚던 순간 뭔가 쨍~ 하고 끊어지는 듯한 느낌을 받았다.

나의 내면에서는 빚을 안 갚고 싶어했고 지인이 돈을 갚지 말라고 해주기를 기다리면서 늘 옆에 머물려고 애를 썼다.

영감이 줄을 못 끊게 하려고 어떤 명분이든 연결시켜 놓으려했다.

그러나 이게 아니다싶어 돈을 갚는 순간 영감의 힘이 급격하게 줄어드는 것 같았다. 나는 허리가 접어질 정도로 힘이 없어서 허우적거렸다.

스님께서는 내가 힘이 없는 게 아니라 영감의 힘이 빠진 거라고 하셨다. 이때 제대로 해서 완전히 보내라고 하셨다.

영감에게 지지 않도록 반대로 행동하라고 하셨다.

살면서 이렇게 힘이 없었던 적이 있었던가 싶을 정도로 몸이 가라앉았다.

나가고 싶으면 꼼짝 안 하고 절 안에 있었고 아무것도 안 하고 싶으면 밭에 나가 돌이라도 줍고 뭐든 하려고 몸을 움직였고 이것저것 생각이 올라오면 아무 생각없이 지내려고 노력했다.

말 한마디도 함부로 하지 않으려 했고 쓸데없는 말은 하지 않으려 애를 썼다. 나의 부정적인 말 한마디가 영감에게 얼마나 많은 힘을 주는지 알기 때문이다.

그러나 나도 모르게 거짓말을 하고 있었고 별것 아닌 것도 숨기고 다른 사람을 의심하며 이간질을 시켰다.

쉽게 되지 않는다는 걸 안다. 그러나 안된다고 생각하지는 않는다. 언젠가는 반드시 바뀌리라 믿는다.

엄마가 모시던 신, 내가 받았던 신, 모두 나에게 있었다.

또 하나 놀라운 사실은 친정 외할머니가 모셨던 신이 내 큰손자에게 있다는 것이었다 신은 어느 누구에게라도 간다고 알고는 있지만 아무 상관없는 내 손자에게 가 있다는 게 믿기 힘들었다. 친정 외가에도 자손이 많은데 하필이면 왜 내 큰손자에게 왔는지 이해할 수가 없었다.

나의 친정 외할머니와 내 큰손자는 촌수로는 너무 먼 인연인데 어쩌다 이런 일이 일어났는지 어린 손자를 생각하면 답답하기만 하다.

큰손자는 시댁에서 맏이다.

시댁 줄을 받는다면 어쩔 수 없다지만…

아이는 태어날 때부터 업을 받고 태어나서 가족들의 마음을 아프게 했는데 친정 외갓집 신이 큰손자에게 가 있다는 게 믿을 수가 없었다.

나는 남편 병을 치료한다는 명목으로 내림굿을 했고 신이 잘 내렸는지 보려고 숟가락을 들고 와서 확인을 한 것이었으며 숟가락이 서지는 않았지만 선녀와 도깨비가 자리를 잡자 내 살림은 본격적으로 내리막을 타기 시작한 것이었다.

돌이켜 생각해보면 선녀와 도깨비를 보고 난 뒤부터 돈이 완전히 나갔다.

한 푼도 남기지 않았고 오히려 빚더미에 올라 앉았다. 무당 일을 시키기 위해 돈이 하나도 없게 만든 것이고 무당 일을 했다면 도깨비가 있었으니 많이 벌었을 거라고 한다. 그렇지만 그 일만은 절대 할 수가 없다. 내가 본 무당치고 노후에 잘 사는 사람은 없었다. 물질만 가지고 이야기하는 게 아니다.

그들은 모두 노후가 비참했다. 더구나 우리 엄마는 죽기까지 하지 않았는가? 신을 받지 않고 무당일을 하지 않았다면 비록 시름시름 아플망정 죽지는 않았을지도 모른다. 물론 그 고통을 모르는 게 아니다.

지금 내가 그 고통을 받고 있지 않는가?

내가 겪고 있는 이 상황이 엄마나 다른 사람보다 가벼울 거라고 생각하지 않는다. 단지 나는 죽어도 그것만은 안된다는 각오기에 어떤 고통이 와도 견딜 수 있는 것 뿐이다.

나도 마찬가지다. 비록 남편이 아파서라고는 하지만 내가 신을 받지 않았다면 지금 이 정도로 엉망이 되지는 않았을지도 모른다. 몸은 물론이고 돈도 그렇게까지 나가지는 않았을 텐데 하는 안타까움이 있다.

어쩌면 신을 안 받았더라도 지금처럼 고통받고 있을지도 모른다. 그렇지만 적어도 몸이나 기운은 지금 같지는 않았을 거라고 생각한다. 결국 모든 건 내 탓이다.

이유야 어찌 됐든 나로 인해 남편의 병도 생긴 것이고 그것 때문에 신을 받은 것이니 결국은 내 업이고 내가 해결해야 할 문제다. 이제 더 이상 물러설 데가 없다. 영감이든 선녀든 끝을 내지 않으면 안 된다.

스님께는 너무 죄송하고 뻔뻔한 일이지만 절에 의탁해서 스님 시키시는 대로 하는 수 밖에 나에게는 선택의 여지가 없다.

오늘도 내 눈동자는 세모 눈, 빨간 눈, 노란 눈, 각양각색으로 변하고 있다.

가끔은 아이들이 가지고 노는 구슬 같은 눈동자가 되기도 한다. 눈두덩은 색깔은 물론이고 마치 만두를 하나 올려놓은 듯 두툼하게 부어 있다. 눈만이 아니라 온몸은 가려웠다가 따끔거렸다가 변화무쌍하다.

머리는 송곳으로 찔렀다가 마치 신화 속의 메두사 머리를 연상하듯 수백 마리 뱀 새끼가 꿈틀거리고 우글거리는 느낌이 들어 어쩔 줄을 모르게 만든다.

그래도 이기리라. 절대로 무당이 되지는 않으리라.

비록 내가 쓰러지는 한이 있더라도, 내가 그들을 이기지 못해 세 치 혀로 거짓말을 하고, 마음대로 짐작하고 사실인 양 오해를 하기도 하고, 돈 때문에 속이 부글부글 끓고, 다른 사람을 미워하고 잘난 척을 할망정, 죽어도 무당이 되지는 않으리라 다짐하며 오늘도 하루를 보내고 있다.

무슨 일이 있어도 끝내고 싶다. 엄마에게서 물려받은 신줄!

자식에게까지 내 고통을 물려줄 수는 없다.

신끼가 한 번에 없어지지는 않는다 하더라도 절대 무당일을 할 수는 없다.

흙으로 돌아가는 그 날까지 죽을 힘을 다할 수 밖에...

이번 생에 끝내지 못하면 다음 생에라도!!!

하늘이시여...

부디 도와주십시오!

기억

그녀는 개인 사업가다.

엄밀히 말하면 1인 사업가다.

가지고 있는 자본이 없기에 책상에 앉아서 일거리를 찾고, 찾은 일거리로 열심히 발품을 팔아 수수료로 생활을 해 나간다.

아무리 열심히 뛰어다닌다고 해도 남편 없이는 하나밖에 없는 딸을 키우기에도 언제나 벅찼다. 아무리 열심히 뛰어도 돈이 안 되는 지난 일에 비하면 우연찮게 알게 된 이번 일은 생각보다 먹고살 만은 했다.

그녀는 젊어서부터 등산을 좋아하고 사람들을 많이 만나고 다니면서 자신이 뭔가 다른 사람하고 다르다는 걸 알고 있었다.

마음 한편에선 '무당이면 어때? 돈만 많이 벌어서 편하게 살면 되지?' 하는 마음이 있었고 또 다른 한쪽에선 '아무리 돈이 좋아도 무당은 아니지~' 하고 있었다.

경제적으로 너무 힘들고 괴로울 때는 돈만 벌 수 있다면 아무려면 어떨까? 하는 마음이 크게 자리 잡기도 했지만 그렇다고 그 일에 선뜻 들어서기도 쉬운 건 아니었다.

그러다가 우연히 영적인 공부를 접하게 되었고 차츰 자신의 내면에 누군가가 있다는 걸 알게 되었다.

그 누군가를 이기기 위해 많은 노력이 필요했다.

낮에는 돈을 벌어야 했고 밤에는 영적인 공부를 해야만 했다.

딸 때문에 공부를 안 할 수가 없었다.

고등학생인 딸은 자신의 어깨에 왠 아줌마가 올라타서 누르고 있다면서 전화가 오곤 했다. 딸의 내면에 있는 분이 이미 드러나기 시작한 것이다.

그녀가 제대로 하지 않으면 딸이 그 길을 갈 수 밖에 없는 상황이었다. 딸에게 있는 그분을 눌러놓기 위해서는 그녀가 힘을 키우는 수 밖에 없었다.

딸은 이미 귀신이 보이기 시작한 상태라 더 드러나면 막을 수가 없는 지경이었다. 그녀의 내면에 있는 그분의 힘을 줄이는 것도 벅찬데 딸의 상태까지 겹치니 남보다 몇 배의 노력을 해야 하지만 일을 안 할 수도 없으니 이러지도 저러지도 못한 채 억지로 버티는 수 밖에 없었다.

일이 차츰 안정되어 가면서 마음속으로 다짐을 했다.

이번에 하게 된 일은 영적인 것과 연결이 되어있어서 수익의 일부를 돈을 벌게 해 주신 그분들을 위해 쓰겠다고 약속을 하고 실제로 실행을 했다.

그래서 그런지 일이 차츰 많아지고 수수료 문제도 쉽게 해결이 되곤 했다.

간혹 수수료를 안 주려고 하는 분들이 있어서 애를 먹기도 했지만 그런 일이 없어지고 오히려 고생한다고 선물을 주시는 분까지 생겼다. 이렇게 차츰 몸도 마음도 안정이 되어가자 새로운 다짐을 하게 되었다.

이 일이 잘되어 딸이 정착하고 생활에 문제만 없으면 영적인 공부만 하면서 남을 위해 봉사하는 삶을 살겠다고 목표를 세웠다. 그러나 그녀의 마음과는 달리 세상은 호락호락하지 않아서 먹고살기에 급급할 수 밖에 없었다.

그렇게 연명을 하며 살아가던 어느 날 왜 그런지 사람이 멍해 보였다. 평소 자기주장이 강한 그녀가 별말도 없고 이야기도 앞뒤가 안 맞으며 했던 말을 또 하곤 했다.

그냥 컨디션이 안 좋은 모양이라고만 여겼다. 그리고 그다음 날 천도재가 있어서 다 같이 절에 갔다.

천도재를 끝내고 내려온 그녀는 넋이 빠진 사람 같았다.

시선은 허공을 맴돌고 조금 전에 자신이 한 말을 기억하지 못했다. 게다가 바로 앉지를 못하고 벽에 기대어 앉으며 자꾸 혼자

말을 하곤 했다.

무슨 말이냐고 물어보면 멍한 표정으로 도리어 되묻기를 반복했다. 보다 못한 지인들이 집으로 가자고 데리고 나왔지만 운전을 시킬 수가 없었다. 그녀의 차를 가까이 사는 다른 지인이 운전을 하고 집으로 향했다.

집으로 가는 차 안에서도 전화기만 들여다보면서 혼잣말을 중얼거렸고 자신이 어디에 있는지도 모르는 표정이었다.

다들 정신 차리라고 한 마디씩 묻고 했지만 대답은 하면서도 무슨 말을 하는지는 모르는 것 같았다. 마치 앵무새가 뜻도 모르는 말을 따라 하듯이 입으로는 말을 하고 있었지만 머리는 전혀 딴 생각을 하는 사람처럼…

앞뒤가 안 맞는 건 물론이고 주제와 상관없는 엉뚱한 이야기를 꺼내서 다른 사람과의 대화를 할 수 없을 지경이었다.

같이 가던 지인들은 당황스러움을 감출 수가 없었다.

아파트 주차장에 그녀가 지적하는 자리에 주차를 하고 집으로 올라갔다.

집 앞에 서서도 현관 비밀번호를 기억하지 못하고 멍하니 서 있었다. 오히려 '여기는 엄마 집인데…' 하면서 의아한 표정을 짓는다.

친정엄마하고 이 집에서 산 지가 몇 년인데 갑자기 무슨 소린가 싫었던 친구가 깜짝 놀란다. 아무래도 안되겠다 싶어 초인종을 누르니 친정어머니가 나오시더니 딸을 쳐다보고 깜짝 놀라신다. 멍한 표정과 창백해 보이는 안색 때문에 많이 걱정을 하셨다.

몸이 좀 안 좋은 모양이라고 어머니께 안심을 시켜드리고 발길을 돌리지만 다들 마음이 안 놓여서 뒤를 돌아봤다.

친구가 걱정이 되어 집에 돌아와서 전화를 하니 주차해 놓은 차를 못 찾아서 헤매고 있단다. 집 들어가는 입구에 그녀가 대라는 자리에 주차를 했는데 차를 못 찾다니…

친구는 혹시 그녀가 집을 잃을까 걱정이 되어 빨리 들어가라고 재촉을 했다.

한 시간쯤 지나 전화를 하니 아직도 차를 찾고 있단다.

다시 주차한 자리를 설명하고 전화를 끊지 말고 그냥 그대로 찾으라고 하니 겨우 찾고는 마지못해 집으로 들어갔다.

바로 입구에 주차해 놓은 차를 한 시간이 넘게 찾고 있었다니… 넋이 나간 듯 멍한 표정이더니 눈에 안 보이던 모양이었다.

얼마 후 다시 전화를 하니 내가 안 좋은 걸 어떻게 알고 전화했느냐고 반문을 하고 차 찾으러 다닌 것과 통화한 건 전혀 기억을 못 한다고 했다. 도리어 이야기를 듣고는 그런 일이 있었느냐고 물어보기까지 했다.

그러면서 추워서 전기장판을 최고 온도로 올렸는데도 너무 춥다고 해서 고장난 거 아니냐고 다른 온열기는 없느냐고 물었더니 자신이 누운 자리는 차고 손을 뻗어보니 옆은 뜨겁다고 이야기했다. 너무 춥고 떨려서 이불을 덮어썼지만 냉기가 빠지지를 않는다고 했다.

아무래도 안 되겠다고 생각한 친구는 스님께 전화를 드렸다. 스님께서 전화를 하셨고 그녀는 절에서 있었던 일을 전혀 기억을 못했다.

전화로 점검을 하시니 젊은 여자가 나와서 천도재를 해달라고 했고 그 여자 때문에 그런 것은 아니라고 하셨다.

전화로 점검은 계속되었고 여자가 비켜나자 남자가 나와서 자기와의 약속을 지키지 않는다고 화를 냈다. 무슨 약속이냐고 물으셨고 본인이 잘 안다면서 말을 안 하려고 했다.

스님께서는 여자 혼자서 자식 키우고 사는 것도 힘든데 조금만 더 기다려주면 약속을 지킬 거라고 하시면서 기다려달라고 설득을 하셨다.

스님의 당부와 설득으로 남자는 기다리겠다고 했다.

다음 날 아침 그녀는 자신의 전화기를 보고 깜짝 놀랐다.

여러 명의 고객과 통화를 했는데 어떤 이야기를 했는지 전혀 기억이 안 났다. 게다가 친구와 스님과의 전화도 알 수가 없었다.

친구와도 전화가 잦았고 늦은 시간 스님과의 통화 시간이 긴 것도 이해할 수가 없었다.

'무슨 일이지?'

친구나 스님께는 여쭤보면 되는데 고객들과는 어떤 일이 있었는지 알 수가 없으니 답답할 노릇이었다.

어제 아침에 일어나 어떻게 절에 갔는지도 생각이 안 나고 천도재를 어떻게 지냈는지도 모르겠고, 더구나 집에는 어떻게 왔는지 도무지 알 수가 없었다.

인기척을 느끼셨는지 엄마는 다짜고짜 병원가라고 야단이시고... 아침부터 전화가 오기 시작했다.

다들 걱정스런 목소리로 괜찮냐고 물었다.

시간이 지나 친구에게 하나하나 이야기를 들었지만 기억나는 건 아무 것도 없었다.

도대체 뭐가 잘못된 건지...

차분히 생각에 생각을 거듭해보지만 전날부터 머리가 아프고 멍해지는 기분이었던 기억은 있지만 어제 아침부터 오늘 아침까지 일은 아무것도 생각이 안 났다. 어제 아침 지인들을 태우고 출발했던 기억은 희미하게 있지만 가면서 무슨 이야기를 했는지 어떻게 갔는지 전혀 생각이 안 났다.

출발하면서부터 오늘 아침까지...

어떻게 이런 일이 있을 수 있는지 아찔하기만 했다.

'만약 어젯밤에 스님께서 점검을 하시면서 그분을 설득하지 않으셨다면 나는 지금 어떤 상태일까?

어떻게 이렇게 아무 생각이 안 날 수가 있을까?'

친구나 지인들이 하는 말들은 생전 처음 듣는 남의 이야기다. 오늘 일을 모두 미루고 급하게 절에 갔다.

스님께서는 다시 점검을 하셨고 그분은 약속을 안 지키면 어쩔 수가 없다고 했다. 약속이란 모든 걸 접고 영적으로 방해받는 사람들을 위해 상담하고 그들을 고통에서 벗어날 수 있도록 도와주든지 아니면 무당일을 하라는 것이었다.

무당일은 절대 할 수 없다고 했고 영적인 일은 아직 딸이 어리니 딸이 자리 잡을 때까지 기다려 달라고 해명했다. 세상살이도 있지 않으냐 자식을 버릴 수는 없지 않느냐는 당부와 설득에 그분도 수긍을 하는 듯했고 사건은 그렇게 일단락이 되었다. 하지만 그녀는 이해할 수가 없었다.

어떻게 하루가 온전히 없어질 수가 있는지... 아무리 생각해도 머릿속은 하얗게 비어 있었다. 어쩌면 치매가 이렇게 오는지도 모르겠다는 생각을 했다. 그렇지 않고는 도저히 이해할 수가 없다.

머리에는 수백 마리의 뱀이 우글거리고 있는 듯하고 머리에서 등 뒤까지 탁한 기운이 뻗쳐 나가는 것 같았다.

온몸에서 냉기가 빠져나와 추워서 견딜 수가 없었고 일을 하든 공부를 하든 집중을 할 수가 없었다.

보이지 않는 힘이란 정말 대단하다. 그들은 온전히 그녀를 지배하고 그녀는 그들에 의해 모든 게 좌우되고 있었다.

스님께서는 내면의 그분이 그녀를 마음대로 써먹으려 한다고 하셨다.

애초에 남편과 헤어진 것도, 살면서 돈을 하나도 없이 말린 것도, 딸을 괴롭히는 것도, 모두 그분이 조정한 거라 하신다.

내면의 그분들끼리는 통하기 때문에…

고통을 줘서 내면의 그분 마음대로 그녀를 지배하기 위해서…

그 날 이후 그녀는 자신을 다시 돌아보게 되었다. 아무리 생각해도 그날의 기억은 온전히 사라지고 아무것도 없었다.

그날이 일요일이라 고객을 안 만나서 다행이었지만 만약 다른 사람 앞에서 헛소리를 했다면 지금쯤 어떻게 되어있을지 생각만 해도 아찔하다.

어떻게 그런 일이 있을 수가 있는지…

'어떻게 살아야 저들에게서 벗어날 수 있을까?

빨리 자리를 잡고 공부만 했으면 좋겠다. 그렇지 않고는 저들을 이길 수가 없으니… 그날 같은 일이 계속된다면 가족들은 나를 정신 병원에 넣을 수 밖에 없으리라. 정신 차려야겠다.

불쌍한 딸에게 짐이 될 수는 없다.

아빠 없이 자란 것도 모자라 하고 싶은 것도 마음대로 못하고... 먹고 살기 바쁘다는 핑계로 같이 있어 주지도 못했는데...

치매라니~

절대 그럴 수는 없다.

치매!!!'

교통사고

까무잡잡한 피부에 통통한 몸을 지닌 언니는 신병을 앓고 있었다.

원래 검은 편은 아닌데 언제부턴가 점점 까매지고 있었고 남들이 보면 꾀병이라고 할 정도로 겉보기는 너무나 멀쩡했다.

그렇다고 딱히 아픈 데가 있는 것도 아니고 형부가 화를 내면 비록 억지로 움직인다고 해도 일을 못 하는 건 아니다.

아무리 어쩔 수 없어서 움직인다고 해도 일을 하는 걸 보고 있으면 꾀병이 아닌가 의심이 들 때도 있을 정도다.

물론 당사자는 죽을 것 같은 고통을 호소하지만…

병원에도 다니고 답답한 마음에 온갖 짓을 다 해봤지만 별 소용이 없었다. 결국 정신과 약을 먹는 수 밖에 없었고 약을 먹지 않고는 잠을 자지 못했다.

형부는 신병을 인정하지 않았고 게을러서 그렇다고 화를 내기 일쑤였다. 그날도 언니는 병원에서 링거를 맞고 누워 있었다.

병원에서 우연찮게 알게 된 절 이야기를 듣고 한번 가 보자고 재촉해서 절에 가 보게 되었다. 마침 죽은 오빠 제사 문제 때문에 절을 알아보던 중이었다. 찾아간 절에서는 제사는 안 받는다고 했다.

공부하시는 분들만 오는 곳이라 가급적이면 귀신 불러들이는 일은 안 하신다고 하셨다. 할 수 없이 인사를 드리고 이런저런 말씀을 듣더니 언니는 같이 공부하고 싶다고 부탁드렸다.

다음 날 절에 올라가니 그곳 화주 보살님께서 지난 밤에 꿈을 꾸셨는데 짧은 머리를 하고 양복을 입은 청년이 절 입구 전봇대에 기대서서 하염없이 절을 올려다보고 있더란다.

왜 안 들어가고 처다보고만 있느냐고 물어보니 자신은 안 불러주면 못 들어간다면서 힘없이 서 있더라고 하셨다.

우리는 깜짝 놀랐다.

생긴 모습이나 양복 색깔까지 오빠의 죽을 때 모습을 그대로 말씀하셨기 때문이다. 어떻게 그럴 수가…

나중에 큰스님께 말씀을 드리니 제사를 지내주라 하셨다. 인연이 있는 모양이라고 하시면서…

스님께서는 몇 번이나 공부할 수 있겠느냐고 다짐을 받으셨고 그렇게 언니는 공부를 하기 시작했고 호흡법도 배우고 기도도 했다.

기도를 시작하자 며칠 지나지 않아서 반응이 나타났고 점검을 하셨다.

죽은 오빠가 나왔다. 오빠는 울면서 아프다고 살려달라고 애원을 했다. 오빠는 교통사고로 온몸이 부서져서 죽었다.

멀쩡하게 직장 다니다가 젊은 나이에 교통사고로 죽었으니 억울하고 원통해서 갈 수가 없단다.

게다가 몸이 너무 아파서 못 견디겠다고 했다. 안 아프게 해 달라고 울부짖는 모습은 보는 사람을 안타깝게 했다.

이렇게 고통받고 있는 오빠가 몸에 있으니 언니가 고통 속에 허덕이는 건 어쩌면 당연한 건지도 모르겠다. 그러니 그 오빠가 자꾸 병원을 데리고 가서 치료를 받게 하는 것이었다.

왜 누나를 괴롭히냐고 나가라고 해도 갈 데가 없다고 자기를 살려달라고 울부짖었다. 죽은 자가 살려달라니...

죽을 때 의식이 그대로 남아 있어서인지 그때의 그 고통을 참을 수가 없다고 호소했다.

죽은 귀신이 아프다고 죽겠다고 말하니 기가 막힐 노릇이었다. 몇 달 동안 기도와 호흡을 하면서 조금씩 나아지자 언니는 게으름을 부리고 공부를 안 하기 시작했다.

스님께서 시키시는 대로 하지도 않고 공부 점검도 받지 않았다.

그러자 원래 상태로 돌아갔다.

"그때 조금 좋아졌을 때 시키시는 대로 했어야 되는데…"

같은 말을 수십 번 수백 번 반복하면서도 공부는 안했다.

어쩌다 절에 오면 그저 기도하는 시늉이나 내다가 허둥지둥 절 밖으로 나가기 바빴고 가면서도 다른 사람 모르게 숨어서 도망을 갔다.

그러지 말고 간다고 말하면 정류장까지 태워준다고 해도 말을 듣지 않고 숨어다녔다 올 때는 왔다고 여기저기 인사하고 다니면서… 귀신을 못 이기면 어쩔 수가 없다고 절 식구들이 이야기하시지만 그런 언니를 보고 있는 나는 답답해서 미칠 지경이었다.

왜 저러고 있는지 이해할 수가 없었다.

아프다고 울지를 말든가 시키시는 대로 하든가…

절 식구들은 오히려 그럴 수 밖에 없다고 이해를 하시는데 나는 도저히 이해를 할 수가 없어서 언니에게 짜증을 부리고 화도 내고 했지만 도통 말을 듣지 않았다. 앞에서는 한다고 몇 번이나 약속을 하지만 제대로 실행은 못했다.

내면에 있는 귀신들이 이미 내성이 생겨서 공부를 못하게 막는다고 하셨지만 아무리 그래도 그걸 못하나 싶어 몇 번이나 말을 했지만 대답만 열심히 할 뿐 아무것도 하지를 못했다.

공부는 계속하지 않고 중간에 쉬게 되면 귀신들도 어떻게 되는지를 알기 때문에 끝까지 못 하게 막는다 하시면서 공부는 할 때 계속해야만 방해에서 벗어날 수가 있다고 하시는데 언니는 말을 듣지 않았다.

절에서는 '공부는 하려고 데리고 오는 귀신도 있지만 못 오게 막는 귀신이 훨씬 많다. 귀신들은 영적인 공부를 하면 몸에 못 있고 쫓겨난다는 걸 알기 때문이다. 하기 힘들고 불편한 순간을 이기지 못하면 귀신을 내보낼 수가 없다. 마음이 바뀌고 행동이 달라져야 한다.'

몇 번이나 말씀을 해주셔도 언니는 이기지를 못했다.

그러던 어느 날 남동생 아이가 차 사고가 났다.

죽은 오빠는 결혼을 안 했지만 막내는 결혼해서 아이가 있는데 휴일이라 아이들을 데리고 나들이 나갔다가 오빠가 죽은 그 자리에서 사고가 나서 다리를 다쳤다.

가족 모두가 놀랄 수 밖에 없었다.

똑같은 자리에서 똑같은 방법으로 사고가 났으니 머리를 쇠망치로 맞는 것 같았고 가슴이 두근거리며 어찌할 바를 몰라 허둥거렸다.

급하게 절에 올라가 기도를 올리고 도움을 요청했지만 근원적인 해결이 안 된다는 건 나도 안다.

비록 언니 공부할 때 어깨너머로 배우긴 했지만 언니 덕에 어지간한 건 알게 되었다.

그래도 할 수 있는 한 최선을 다해야겠다는 마음으로 열심히 절에 올라가 기도를 했다. 공부해서 알 게 된 거라면 만약 언니에게 못 있으면 나에게 또는 내 아이에게도 올 수 있다는 거였다.

언니를 위해서도 내 가족을 위해서도 오빠를 보내야겠다는 생각뿐이다.

비록 힘이 약하지만 할 수 있는데까지는 해보는 수 밖에…

귀신들은 참 너무 한다 싶었다.

오빠도 언니가 얼마나 힘들게 사는지 알면서 왜 하필 언니에게 붙어서… 아무리 죽고 나면 마음이 달라진다고 하지만…

언니를 보고 있으면 불쌍한 마음뿐이다. 이제는 거의 바보가 된 것 같다. 저렇게 멍하니 앉아 있는 걸 보면…

제사

경이는 소위 말하는 절순이다.

절에서 하는 거라면 어지간하면 다 알고 있다고 자부할 정도다. 물론 스님들만큼 안다는 건 아니다.

일반 신도들보다는 좀 낫다고 할 만큼 젊어서부터 열심히 기도하면서 살았다.

그렇다고 사람들하고 어울려서 몰려다니는 것도 아니고 그냥 절에서 혼자 기도하고 절에 행사가 있으면 빠지지 않고 참석하며 주변에 힘든 사람이 있으면 기도를 시키고 도와주려고 애를 썼고 특히 유명하시다는 스님들 법문이 있으면 다른 사람들을 데리고 빠지지 않고 듣고자 했으며 말씀을 듣고 실행하고자 애를 쓰는 편이다.

삼천 배 만 배 기도는 어김없이 참석했고 아침의 시작은 백팔 배로 열었으며 경전을 읽고 그 뜻에 따르고자 노력했다.

거의 30년을 하루도 빠짐없이 아침마다 기도를 한다니 참 대단하다는 생각이 들었다. 말이 쉽지 아무나 할 수 있는 건 아니다. 그런 경이에게도 걱정이 있었다.

친정 식구들 때문에 늘 마음이 쓰였기 때문이다.

언니는 암에 걸려 죽었고, 여동생은 뇌출혈로 왼쪽 팔다리를 못 쓰고 불편하게 지내다가 결국 쓰러져 식물인간 상태로 병원에 입원 중이었다.

몸이 아프기 전부터 기도를 하라고 아무리 시켜도 언니도 동생도 말을 듣지 않았다. 동생이 처음 수술을 하고 입원을 했을 때 일이다.

경이는 평생을 고생하는 동생 때문에 늘 마음이 아팠다. 무능력한 제부 때문에 힘들게 사는 동생이 항상 안타까웠지만 도와줄 방법이 없었는데 막상 수술을 하고 의식이 없는 동생을 보니 속이 상했다.

명절을 앞두고 동생네 아이들을 집으로 불렀고 뭐라도 해서 먹이고 싶은 마음뿐이었다 음식은 두 아이가 먹기에는 지나칠 정도로 양이 많았고 경이 아이들이 먹으려고 손이라도 대면 화를 내며 못 먹게 막았다.

동생네 아이들은 이모를 마치 엄마 바라보듯 하며 맛있다고 먹었고 경이도 자신의 아이들을 바라보듯 흐뭇한 미소를 짓고 있었다.

이모 집이라고는 와 본 적 없는 아이들이 마치 자기 집처럼 편하게 있었고 집으로 보내는 길에 제부가 먹을 음식까지 바리바리 싸서 보냈다.

아빠 챙겨주라고 아이들에게 당부까지 하면서…

평소의 경이라면 어림도 없는 일이다.

아이들은 챙겨 먹일지라도 제부는 너무 싫어하던 경이가 제부를 알뜰히 챙기는 모습은 보는 사람을 의아하게 했다.

경이에게는 의식 없는 동생 영혼이 들어와서 제부와 아이들을 챙기고 있었다. 의식은 없으나 남편과 자식을 아끼는 마음에 언니 몸을 빌려 나타난 것이다. 아이들도 겉모습은 이모지만 엄마 영혼이 챙겨주기에 편하게 받아갔다.

그리고 큰오빠는 죽을 고비를 몇 번 넘기더니 늘 좋은 음식이나 먹고 친구들과 어울려 술이나 마시면서 가정은 등한시했다. 그렇다고 남에게 폐를 끼치는 사람은 아니지만 그런 오빠때문에 올케가 힘들게 살아야 했다.

이미 올케는 암에 걸려 수술을 했고 착하고 알뜰하긴 하지만 자신을 돌보지 않았다. 오빠에게는 아들이 하나 있다.

이 조카는 결혼할 생각을 안 했다.

어느 누구도 나쁘게 이야기하는 사람이 없을 정도로 착하고 성실한 아이지만 연애는 못 하는 모양이었다.

사회생활은 곧잘 하는데 아예 여자를 만나려고 하지 않았다.

보다 못한 경이가 중매도 서보고 소개도 해줘 봤지만 별 소용이 없었다. 그냥 인연이 없는 모양이라고 생각을 하고 포기를 할 수 밖에 없었다.

그런 조카가 갑자기 쓰러졌다고 연락이 와서 병원에 갔더니 뇌출혈로 당장 수술을 해야 한단다.

같이 있던 사람 말로는 갑자기 속이 메쓰껍고 머리가 아프다고 택시를 불러달라고 하더란다 택시를 타고 스스로 병원을 찾아간 것이다.

병원에서는 당장 수술을 안 하면 죽고 수술을 하더라도 장담할 수는 없다는 의사 소견을 듣고 올케언니는 사색이 되었고 온 집안 식구가 모여들었다.

그렇게 다급하게 밤늦은 시간에도 수술은 진행되었다.

조카가 수술을 받은 다음 날 식구들은 황망한 마음에 어쩔 줄을 모르고 있는데 작은 올케가 말을 꺼냈다.

그러지 말고 천도재를 지내보자고…

조상에게 살려달라고 정성을 들이는 수 밖에 없다면서 큰올케에게 강력하게 이야기를 했다. 돈이 드는 문제라 경이가 나설 수 없었는데 올케가 대신 이야기해주니 다행이다 싶었다고 한다. 아이를 병원에 놔두고 스님께 말씀을 드려서 급하게 천도재가 진행

되었다.

천도재가 막바지에 이르자 큰스님께서 살겠다고 하시면서 걱정말라 하셨다.

오빠나 올케는 감사하다고 하면서도 긴가민가하는 눈치였고 경이는 귀신이 쳐서 맞았다고 생각했던 터라 그나마 다행이라는 안도감과 함께 가슴을 쓸어내렸다.

스님께 원인과 앞으로 해야 할 일을 알려달라고 부탁을 드렸다. 조카의 할아버지이자 경이의 아버지가 여태 제사 음식을 한 번도 못 얻어먹었고 단 한 번도 자신을 불러주지 않았다면서 캄캄한 공간에 갇혀 있다가 더 이상 참을 수가 없어서 손자에게 들어와 계셨다고 하신단다.

해마다 제사를 지냈다고 하니 위패를 한 번도 안 써줘서 자신을 위한 제사가 아니었다고 자신은 얻어먹지도 못했다고 하시면서 큰오빠를 괘씸하게 생각하고 계신다고 하셨다. 그리고 큰오빠가 정성 들여 기도해 주기를 원하셨다.

그랬다. 경이 오빠들은 제사를 지내면서 위패를 안 썼다.

아버지, 큰아버지, 작은아버지 모두 일찍 돌아가서서 제사를 본 적이 없어서 제사 지내는 방법도 몰랐고 위패를 써야 한다는 것도 몰랐다고 한다.

경이가 인터넷으로 출력만 해도 된다고 이야기해도 애초에 귓

등으로도 안 들었다.

큰오빠는 그냥 관습상 제사를 지낼 뿐이지 귀신이 어디 있느냐고 하면서 경이 말을 듣지도 않았다고 한다.

경이 입장에서는 제사에 대해 뭐라고 할 수가 없더라고 했다. 결국 이런 일이 일어나자 앞으로는 정성 들여 잘 지내겠다고 했고 주변에서도 위패 없는 제사가 어디 있냐고 한마디씩 하자 오빠들은 민망해하면서 초저녁에 지내던 제사를 늦은 시간으로 바꾸겠다고 했다.

천도재를 지낸 다음날 기적이 일어났다.

병원에서는 2주가 지나야 정신이 들고 그때 어떤 상태인지를 봐야 생사는 물론 건강 상태가 결정된다고 했었는데 조카는 눈을 떴다.

비록 어눌한 말투지만 내가 왜 여기 있느냐고 말했고 정신은 멀쩡한 듯했다.

병원에서는 어떻게 이럴 수가 있느냐고 발칵 뒤집어졌고 언니는 눈물을 하염없이 흘리며 감사하다고만 했으며 오빠는 눈만 껌뻑거리고 있었다. 경이는 절에 다니면서 영가들에 대해 많은 경험을 한 사람이다.

신병으로 고통받는 사람을 데리고 절에 갔더니 너무 괴로워하고 온몸을 비틀고 경련을 일으키며 고통을 호소해서 등을 쓰다

듣고 몸을 어루만졌는데 비명을 지르며 아프다고 건드리지 말라고 소리치다가 온몸을 비비 꼬는 모습을 보고 영가의 장난인 줄을 모르는 주변 사람들이 큰일 나겠다는 생각에 병원으로 연락을 했다.

사람 몸이 어떻게 그렇게 뒤틀릴 수가 있는지 보는 사람 모두 경악을 금치 못했고 그냥 가만히 있는데도 몸은 구겨지듯 틀어지고 당사자는 비명을 지르면서 고통을 참지 못해 울부짖었다.

이 사람의 몸에는 덕석에 말려서 매 맞아 죽은 영혼이 들어 있었다.

그렇게 맞아 죽었으니 뭐든 몸에 닿기만 하면 죽을 듯이 소리를 지르며 아프다고 고통을 호소한 것이었다.

병원에서 응급차가 오고 구급대원들이 보더니 무슨 짓을 했느냐고 화를 낼 지경이었지만 아무도 손을 대지 않았고 아무 짓도 하지 않았다고 하자 급하게 병원으로 떠났다. 그러나 구급차에 실려 절 문을 나서자 바로 괜찮아져서 병원까지 가기는 했지만 너무 멀쩡해서 그 길로 돌아 나와 집으로 보낸 사람도 있었다.

귀신이 절에서 데리고 나가려고 일으킨 일이었다. 절에 있으면 쫓겨나갈 걸 알고 사람들이 있는 걸 보고 소동을 피운 거다.

아무것도 모르는 사람들 앞에서 말이라도 한마디 했다면 자칫 누명을 쓰기 마련이라 어지간해서는 나서지 않는다는 걸 귀신이 알고 한 짓이었다.

경이는 이런 일들을 직접 경험한 게 많았다.

그렇지만 조카에게 일어난 일은 정말 말로 표현할 수가 없었다. 영혼을 달래고 나니 머리 수술한 환자가 하루 만에 정신이 돌아오다니…

이게 기적이 아니면 어떤 걸 기적이라고 할까?

요즘 제사는 산사람 편한 대로 지낸다.

그런데 이런 일을 겪고 나니 절대 내 마음대로 지내는 건 제사가 아니란 걸 알았다 제사는 산 사람을 위한 게 아니지 않는가?

죽은 조상을 위해서 지내는 제사라면 그들에게 맞춰서 지내는 게 맞지 않을까? 모든 형식이나 격식이 이유없이 만들어지진 않았을 것이다. 아무리 산사람 위주라고 해도 죽은 자의 입장도 조금은 헤아려야 하지 않을까?

아버지께는 얼마나 귀한 손잔데 오죽 답답하고 서운했으면 저러실까 싶어 과연 모두를 위하는 게 어떤 걸까 다시 생각하게 되었다.

죽은 자는 음이고 산자는 양인데 아무리 귀한 손자라 해도 귀신이 와서 머물고 있으니 손자가 좋을 수 없는 것이다.

알고 보니 아버지가 돌아가신 나이도 지금 조카 나이쯤 된다고 한다. 큰아버지 작은아버지도 다 비슷한 나이에 일찍 돌아가서서 정확한 나이를 기억할 수는 없지만 40대 초반이었던 듯하다고 한다.

집안을 돌아보면 안 맞은 집이 없는 것 같았다.

여동생도 머리를 맞았고 이제는 조카까지…

생각해보면 경이도 젊은 시절 머리가 아파서 온 병원을 순례하며 고생했던 적이 있었고 기도와 함께 처리를 받고 괜찮아졌었다.

만약 아버지를 달래지 못했다면 결국 조카도 같은 나이에 죽을 수 밖에 없는 것이다. 귀신들의 의식을 바꿔주지 않는 한 우리는 끝없는 방해 속에서 살아갈 수 밖에 없다.

살아 있을 때 제사 지내지 말라고 한 사람은 안 지내도 된다. 그러나 그냥 인사치레로 말한 사람은 교회를 다녔어도 배고프다고 찾아온다.

가족에게 찾아가서 배고프다고 말하라고 해도 못 알아듣는다고 알아들을 만한 사람에게 찾아와서 이야기를 한다. 그런데 교회 다니는 가족이 제사를 지낼 리가 없다.

그러니 늘 배가 고프다고 여기저기 알아들을 만한 사람을 찾아다닌다. 의식에서 제사는 지내야 한다고 생각하고 있으면 지내야 한다.

제사를 늘 일찍 지낸 사람은 죽어서도 일찍 찾아온다.

그러나 그 마음이 일찍 지내면 안 된다고 하던 사람은 늦게 찾아오고 지내고 난 뒤에 오기 때문에 제삿밥을 못 얻어먹었다고 말한다.

　이렇게 모든 건 죽은 자의 의식에 따라 달라진다. 제사상을 많이 차리는 게 중요한 건 아니다. 귀신들은 차린 사람들의 정성으로 이루어진 운기를 먹는다. 제삿날만 되면 싸우는 집이 있다.

　조상들이 와서 자신들의 서운한 마음을 자손들에게 풀기 때문이다. 어느 누가 무엇을 하든 제삿날 싸우면 안 된다.

　마음이 화가 나 있으니 귀신이 화를 돋우는 것이므로 정성으로 제사를 지내면 그런 일이 일어나지 않는다.

　조상이 도와주지 않으면 잘 살 수가 없다.

　조상의 방해에서 벗어나야 한다.

　어떤 일이든 지극정성으로 하다보면 모든 건 이루어진다.

　세상에 안 되는 일은 없다.

　모든 건 마음 먹기에 따라 달라진다.

수행

나는 누구인가?

그 답을 찾기 위해 헤매고 다니다 만난 게 귀신의 존재였다. 그들을 단순히 귀신이라고 보기에는 나와의 밀접한 관계를 무시할 수가 없었고 그들을 인정하지 않고는 나를 찾을 수가 없었다.

내가 곧 그들이고 그들이 나였기 때문이다.

그들은 나의 일부분이며 또한 나의 단점들이었다. 이 모든 것을 뛰어넘을 때 참나를 찾을 수 있다는 걸 알았다. 이것들을 말이나 이론으로 표현하기에는 부족한 부분이 너무 많다.

지나온 과정들을 돌아보면 한 가지도 우연이 없었고 필연이었으며 모든 것은 프로그램대로 짜여진 것임을 알게 됐다.

이 프로그램을 바꾸기 위해서는 수행을 하지않으면 안 된다는 걸 알게 됐고 하늘은 무서울 정도로 정확하다는 것도 알았다.

지금부터 하는 이야기는 내 개인적인 수행 과정임을 밝힌다. 어떤 과정이든 스승이 없으면 위험할 수 있으니 함부로 따라 하지 마시기를 바란다.

영적인 공부를 하려면 먼저 몸이 맑고 깨끗해야 한다. 그러려면 몸이 열려야 한다. 몸이 열려야 몸에 있는 탁기를 내 보낼 수가 있다. 몸은 집중을 하면 열리게 되어 있다.

절에 다니시는 분들을 보면 사경을 한다든가 절이나 아비라기도를 하는 분들은 대체로 몸이 열려 있었다.

또 운동선수들이나 예능 쪽 일을 하시는 분들도 열려 있는 분들이 많았다. 물론 다 그렇다는 건 아니다. 사람마다 다르다는 걸 인정해야 한다.

몸을 여는 방법으로는 몸 수행·호흡 수행·마음 수행이 있다. 마음공부나 수행을 한다는 것은 이것을 배우고 저것을 익히는 것이 아니다. 그저 펼쳐지는 세상을 있는 그대로 보는 것이다.

그러면 따로 바꾸고 고쳐야 할 것이 없음을 알게 된다.

언제나 이것이 있으므로 저것이 있는 것이며 이것을 좋아하면 저것이 싫어지고 이것을 붙잡으면 저것을 놓아야만 하는 것이 삶의 이치요, 자연의 섭리다.

결국 둘 다를 가질 수는 없으며 하나를 얻으면 무엇인가는 잃게 된다. 지금의 큰 즐거움이 있다면 그것이 사라질 때는 그만큼의 무게로 서운함을 느끼게 되는 것이다.

이 모든 과정들을 있는 그대로 본다는 것은 즐거움을 즐겼다면 불편함도 그저 당연한 것이라 여기며 오면 오는 대로 어차피 갈 것이니 받아들이라는 것이다.

얻을 것이 없으므로 잃을 것도 없고 잃을 것이 없으므로 두려움이 없다. 아무것도 아닌 것일 때 무엇이든 받아들여진다.

우리는 이런 이치를 계속해서 기억하려 하지만 삶 속의 문제에

부딪치고 그것이 나에게 중요한 문제일수록 익히 머리로 알고 있던 자연의 이치를 까맣게 잊고 만다.

깨닫는다는 것은 엄정하고 공평무사한 자연의 이치를 깊이 우러나는 마음으로 저절로 받아들이게 되었음을 의미하며 깨어 있다는 것은 자연의 이치가 그대로 자기의 삶 속에서 실현되어지는 과정들을 초롱초롱한 각성의 상태로 인식하고 있음을 뜻하는 것이다.

최고의 사랑도

최고의 자비도

최고의 용서도

최고의 인욕도 모두 깨어 있을 때 이루어진다.

알아차림은 깨어 있음의 다른 면으로 생각으로 세상을 보거나 판단하지 않고 자신의 내면에서부터 우주 전체로 보되 있는 그대로 사실 그대로 인식하고 바라볼 뿐이다.

알아차림은 먼저 내 몸 안에서의 움직임과 호흡, 걷기, 좌선시 몸의 오감이 지각하는 것을 주의를 기울여 알아차리는 것이요, 과거 기억과 미래에 대한 걱정과 미래에 대한 희망까지도 생각의 영역에서 사라지도록 하거나 아무 반응 없이 단지 지켜보기만 해야 한다.

나를 바라보고 있으면 잡념(업식)이 올라온다.

내 생각이 올라오면 안 된다.

잡념이 많다는 것은 업이 많다는 거다. 업이 많으면 닦아야 한다. 그래야 생각이 없어진다. 악업은 선업으로 말고는 닦을 수가 없다. 선업으로 악업을 상쇄시켜 나가야 한다. 그것 말고는 방법이 없다.

알아차림중 하나는 명상이다.

명상의 기본은 바라만 보는 것이다.

명상을 하는 자가 누군지…

명상하는 자가 누군지를 바라보는 자는 누군지…

명상을 하면 훤해진다.

그러나 명상을 한다고 깨달아지는 건 아니다. 마음이 따라가야 한다. 어떤 행을 하느냐에 달렸다.

명상을 하면 태초에 태어난 때로 (생명체로 태어날 때) 갈 수도 있고, 또는 은하계로 가서 별들의 속삭임을 들을 수도 있고 우주를 느낄 수도 있다.

이렇게 우주를 느껴보면 비행기에서 땅을 바라보듯이 우리의 삶이 아무것도 아님을 알게 되고 마음이 크고 넓어진다.

생명의 소중함도 알게 되고 불필요한 건 하지 않으며 모든 걸 소중하게 여기며 아끼게 된다. 깨닫고자 한다면 화가 안 나고 항상 웃어야 한다.

어느 누구를 봐도 사랑할 수 있어야 한다.

깨달으려면 욕심을 버리고 정직하고 솔직해야 한다. 욕심을 가지고는 아무것도 알 수가 없다. 잘 먹고 잘 살고 많이 배우고 못 배우고는 깨달음과는 아무 상관이 없다. 미워하고 원망하고 남의 탓을 하면서 깨닫는다고 하는 건 말이 안 된다.

겉으로는 아닌 척하면서... 자기 자신에게 정직하지 못하면서 깨달음이란 말을 하면 안 된다.

깨달음은 종교는 초월해야 한다. 나를 내려놓으면 좋고 싫고 가 없다. 나를 잡고 있어서 그렇다. 편하고 좋은 것만 하려고 하면 아무것도 이룰 수가 없다. 행동이 따르지 않는 것은 지식일 뿐 공부가 아니다. 지식의 잣대로는 알아들을 수도 없고 맞출 수도 없다.

자연의 섭리(이치)를 알면 깨달을 수 있다. 깨달으려면 욕심을 버리고 우주의 섭리를 인정하고 받아들여라.

순수한 마음으로 있는 그대로를 느끼게 되면 모든 일은 나로 인해서 일어난다는 걸 알게 된다.

이렇게 늘 깨어 있으려면 마음공부를 해야 한다.

마음공부를 하려면 우선 몸이 건강해야 한다. 몸이 아프면 마음이 편안할 수가 없다. 몸이 아프면 짜증이 나고 아무것도 아닌 일에도 신경질을 내게 된다. 그래서는 마음공부를 할 수가 없다.

몸이 건강하기 위해서는 기를 알아야 한다. 우리 몸은 기가 흐르게 되어 있다. 기가 흘러야 피가 흐른다.

옛날 어른들은 기운이 없다든지 기가 약하다든지 기가 막혔다고 말했다. 그만큼 우리 몸에는 기가 중요하다.

기에는 외공과 내공이 있다.

외공은 육신에서 나오는 기를 말하는 것으로 차력 같은 걸 이야기 한다. 힘으로 물질을 바꾼다든가 옮긴다든가 하는 것을 말한다. 내공은 영혼에서 나오는 기를 말하는데 손으로 기를 보내면 앞에 서 있는 사람 몸이 흔들린다든가(육신이 흔들리는 게 아니라 안에 있는 영혼이 흔들려서 몸이 흔들린다.) 염력이나 소리 에너지로 내면의 기를 느낄 수가 있다.

기를 느끼면 모든 걸 마음먹은 대로 다 느낄 수 있다. 상대에 따라 사람마다 파장이 다 다르기 때문이다. 기가 원활히 흐르게 하기 위해서는 기 수련을 한다. 기 호흡이나 기 풀기, 단전 기 모으기, 몸 느끼기 같은 수련으로 기의 흐름을 느낄 수가 있다. 이렇게 기 수련을 할 때는 스승이 있어야 한다. 스승 없이 기 수련을 하는 건 위험한 일이다.

여기에 자세한 기공 수련에 대한 방법을 설명하고 싶어도 자칫 공의 상태에서 빙의가 될 가능성이 있어서 알려주지 못함이 안타까울 뿐이다.

스승 없이 기 수련을 하다가 불구가 되는 분도 목격했고 심하게는 어떤 교수님은 뇌졸중을 맞고 찾아오는 경우도 보았다.

현관문을 열어두면 바람이 들어와 시원하기도 하고 집 안에 있는 쓸모없는 것들을 내보낼 수도 있지만 반대로 문이 열려 있어서 도둑이나 잡상인이 마음대로 들어올 수도 있는 것과 같다.

집안에 이미 들어온 도둑이나 잡상인을 밖으로 내보내는 건 쉬운 일이 아니다. 자칫 잘못하면 강도로 돌변할 수도 있기 때문이다. 그래서 꼭 스승의 점검을 받으며 수행을 해야 한다.

영적인 공부는 스승이 없으면 힘들고 잘못하면 무속인쪽으로 빠지기 쉽다. 또 스승을 정해서 공부를 한다면 그 스승의 말씀을 듣고 따라야 한다.

자기 마음대로 할 바에는 스승에게 찾아올 이유가 없다. 시키는 대로 하지도 않고 자신의 주장을 내세우는 건 수행자가 아니다. 모든 수행은 나를 버려야 제대로 할 수 있다. 스승을 찾아와 공부를 한다면 내 주장을 내려놓고 들어야 한다.

오직 듣기만 해야 한다. 듣는 데서부터 공부가 시작된다.

다 들었다고 생각하면 자신의 주장을 하는 게 아니라 자신의 길을 가면 된다. 배우러 왔으면 배우고, 다 배웠다고 생각되면 틀렸다고 가르치고, 내 주장을 할 게 아니라 내 갈 길을 가는 게 스승에 대한 도리다.

가르치고 싶으면 자신이 나가서 가르치면 된다.

수행자는 수행을 할 뿐이다.

수행을 하다보면 느끼지 못하던 기를 느끼게 되고 느끼기 시작한 기를 자신의 몸에서 모으고 그 모은 기를 마음대로 다루게 되며 그 기를 드러내어 펼치게 된다.

기를 펼치게 되면 명상 등을 통해서 마음을 세우고 몸 느끼기, 뼈 느끼기도 하게 되고 뼛속 신경 느끼기까지 할 수 있다.

또 몸 느끼기 과정에서 막힌 곳이 있으면 귀신이 있다.

이렇게 막힌 곳이 있으면 태양을 느껴서 태양 에너지를 막힌 곳으로 보내고 그 뜨거운 에너지로 막힌 곳을 태워 녹인다. 녹으면 막힌 곳을 뚫으면 된다.

모든 것은 상념으로 이루어지기 때문에 내 영적 에너지가 강해야 한다. 늘 힘이 없고 가라앉는 사람은 기 모으기 동작을 해서 에너지를 채워야 한다.

가슴이 답답하거나 머리가 꽉 막힌 사람은 기 풀기 동작으로 풀어내야 한다. 업식도 동작으로 풀어낼 수 있지만 쉽게 풀어지진 않는다. 업이 많은 사람은 시켜도 제대로 하지 못한다.

모든 수행은 몸과 마음이 하나가 되어 내 뜻대로 할 수 있어야 한다. 지향만 하면 모든 것이 마음대로 이루어진다.

머리로는 결코 할 수가 없다.

오직 선한 마음 남을 위한 마음 만이 모든 걸 가능하게 한다. 남에게 보여주기 위해서나 자랑하기 위해서 해서는 안 된다. 그런 것은 진정한 수행이라 할 수가 없다. 또한 수행은 오직 체험으로만 알 수 있다. 모든 건 체험해봐야 한다.

지식이나 알음알이로 하는 건 앵무새에 불과하다. 직접 체험하고 느껴봐야 제대로 알 수 있다. 머리나 마음으로는 알 수가 없다. 마음에서 환상이 일어나기 때문이다. 이 마음 너머에 진실이 있다. 경험한 것만이 진실이다. 진실에서 공부가 시작된다.

오온(색色·수受·상想·행行·식識)으로 이루어진 존재가 가짜임을 알아야 한다. 그 존재는 내가 아니다. 감정이나 생각을 일으키는 나는 내가 아니다. 살면서 만들어진 지식으로 이루어진 존재는 내가 아니다.

세상에 내 것은 아무것도 없다는 걸 지식으로 말고 가슴으로 알아야 한다. 가져갈 수 있는 게 하나도 없음을 가슴으로 알아야 한다.

수행 과정에서 일어나는 일들은 언어로 표현하기 어려운 게 너무 많다. 그 과정들은 오직 체험해 보지 않으면 설명할 수가 없다.

수행을 하려면 가장 먼저

1. 무슨 말을 들어도 화를 내지 말아야 한다.

2. 어떤 경우에도 원망으로 생각하지 않아야 한다.

3. 마음으로 악의를 품지 않아야 한다.

좋은 생각 바른 생각을 가지고 수행에 임해야 한다.

욕심을 버리고 정직하고 솔직한 마음으로 수행을 해야 한다.

남을 미워하면서 수행을 할 수는 없다.

미워하는 마음이 있으면 수행이 제대로 되지 않는다.

왜 미워하는 마음이 생기는지를 알고 미워하는 그 마음이 누구인지를 알면 미워하는 마음도 없어지고 그 과정을 거치고 나면 미움 자체가 올라오지 않는다. 상대가 미운 짓을 하는 이치를 알면 왜 나에게 미운 짓을 하고 나를 약 올리는지를 알면 미운 마음이 일어나지 않는다.

내가 불행하니까 미운 게 보인다. 내가 행복하면 아무리 미운 짓을 해도 그냥 그런가 보다 하면서 넘어간다. 내가 불행하니까 마음에 여유가 없고 미운 마음이 생긴다.

모든 불행의 근원은 '화'다.

화는 욕심에서 온다.

욕심은 업식에서 온다.

화가 나는 이유는 내 그릇이 작아서 그렇다.

내가 부족하니까 그들을 품을 수 있는 그릇이 안 되니까 화가 난다. 내가 똑같으니까 화가 난다.

자기 자신만 생각하니까 화가 나고 미워한다. 내가 어른이고 상대를 아이로 보면 이해가 되고 그럴 수 있다고 생각한다. 어린 아이가 잘못한다고 미워하지 않는다. 같으니까 미워한다.

내가 그릇이 그만큼 옹졸하고 좁으니까 내 앞에서 미운 짓만 한다. 속이 부글부글 끓고 화가 날 때는 불쌍하고 부족한 사람을 보면서 그릇을 키워야 한다. 그릇을 키우려면 베풀어야 한다.

물질만 말하는 게 아니라 마음이든 정신이든 지식이든 뭐든 내가 가진 것을 남에게 자꾸 베풀다 보면 나도 모르는 사이에 그릇이 커져 있다.

미운 사람, 모자라는 사람이 보이면 내가 그릇이 작다는 거다. 자기 생각만 하니까 넓은 게 안 보인다. 좋고 싫고가 없다.

물론 단순히 마음의 문제가 아니라 내면에 있는 분들끼리 파장이 일어나서 미워하는 경우도 있다. 특히 귀신을 정리하기 위해서 오는 사람들끼리 만나면 어김없이 파장이 일어난다.

처음 만나는 사이인데도 사소한 이유로 서로를 안 보려 하고 아무것도 아닌 일로 신경이 거슬러서 같이 못 있겠다고도 하며 겉으로 보기에는 마음을 써주는 데 내면에서는 스스로 생각해도 납득이 안 될 정도로 마주 보기 싫어하기도 한다.

잘 아는 사인데도 파장이 일어나면 이유없이 가슴이 벌렁거리고 두렵고 싫어지기도 한다.

이런 파장이 일어나는 걸 스스로 알고 이기고자 하면 괜찮아지기도 하지만 못 이기면 결국 못 견디고 기운이 약한 사람이 떠나기도 한다.

내면의 그분들 사이에 힘이 약한 사람이 떠나게 되어있다.

내면에 있는 분들이 전생부터의 인연 때문에 파장이 일어난다면 금방 풀어지지는 않겠지만... 모든 것은 내가 만든 원인과 결과이다. 마음의 문을 열어야 한다. 마음의 문이 닫혀있어서 자기가 못 알아차릴 뿐이다.

사랑과 자비는 문을 열고 증오와 미움은 문을 닫는다.

수행자는 문을 열고 업을 닦아야 한다. 그 문이 어떻게 생겼는지 어떻게 열리고 닫히는지 바라보고 있는 게 나다.

밖에 서서 보면 잘 보인다.

산속에 있으면 나무는 보이지만 산을 볼 수는 없다.

아프게 하는 게 누군지 미워하는 게 누군지 화내고 있는 게 누군지를 잘 봐야 한다. 그게 누군지를 알면 아프게 못 한다. 그게 누군지를 알면 미워하지도 화내지도 않는다.

지켜보고 있으면 다 떠난다. 누군지 잘 지켜보라.

화내지 마라. 화를 내면 탁기가 몰려 온다.

특히 몸이 열려 있는 사람은 언제나 기운들이 기회만 엿보고 있다가 들어왔다 나갔다를 반복한다. 탁기가 들어오기는 쉽지만 내보내기는 쉽지 않다.

자칫 실수해서 다치기는 쉽지만 다친 상처가 아무는 데는 시간이 걸리는 것과 같은 이치다. 그것도 관리를 잘해야 덧나지 않는다. 탁기가 들어오면 배가 부글부글 끓거나 헛배가 불러오기도 하고 머리가 아프고 무겁기도 하며 어떤 때는 열이 나기도 하고 갑자기 추워지기도 한다.

또 탁기가 한꺼번에 몰려오면 갑자기 졸음이 오기도 하고 몸이 천근만근 무거워지기도 한다. 화내고 성격이 안 좋은 사람은 탁기가 많이 모여서 병이 난다. 호흡을 조용히 천천히 길게 깊게 하면서 숨을 단전까지 길게 내리면 화가 가라앉는 걸 느낄 수 있다.

호흡 속에 기가 흐르는 걸 느껴라. 느끼면 알 수 있다.

호흡으로 닫힌 몸을 열고 자연의 법칙을 받아들이면 혜안이 열리고 맑고 선해진다. 내 몸에 자연의 힘을 불어넣으면 습이 달라지고 의식이 달라진다.

호흡의 중심은 단전이다. 고요히 가만히 앉아 있으라.

마음이 고요하면 부드러워진다. 그리고 나를 바라보라.

그렇게 화내고 미워하는 사람이 누군지...

그게 과연 나인지...

나는 미워하지 않는다.

나는 깨끗하고 착하고 영롱하다.

참나는 순수하고 맑고 아름답다.

가짜에게 속고 있다. 내가 아니다.

귀신이 미워하라고 시키니까 미워한다.

화내고 미워하는 감정의 본질이 누군지를 알면 달라진다.

그러면 그들도 견디지를 못하고 나가게 된다.

원래 영혼은 맑고 순수하다.

세파에 시달리다 보니 때가 묻어서 자기 하고 싶은 대로 하고 산다. 자기 밖에 모른다. 그들을 내보내기 위해 제일 먼저 할 일은 참회다. 자기 전에 꼭 참회를 해야 한다.

자기 전에 참회를 해야 자면서 세포가 기억을 저장한다.

참회도 그냥 건성으로 하는 건 의미가 없다.

오늘 참회를 하면 내일 같은 일을 반복하지 않아야 한다.

탁한 기운이 똘똘 뭉쳐 강해져 있어서 참회를 해서 녹여야 한다. 빛이 들어와 다 녹아내려야 한다. 바뀌지 않는다면 될 때까지 진정한 참회를 하는 수 밖에 없다.

진정한 참회를 하려면 정직해야 한다. 어떤 마음이었는지 진실해야 한다. 내가 정직하면 정리가 된다.

거짓은 절대 안 된다. 거짓은 빚이 되고 업이 된다. 변명이나 핑계를 대면 안 된다. 자신을 속이면서 참회란 있을 수 없다.

자기 잘못을 모르니 참회가 안 되고 참회가 안 되면 업을 녹일 수가 없다. 참회가 돼야 업을 녹일 수 있다.

업이 많으면 불평불만이 많다.

불평불만이 많으면 업을 더 쌓게 되는 악순환이 계속된다. 불평불만이 많은 사람치고 잘 사는 사람이 없다.

불평불만이 많고 누군가를 미워하면 몸이 아프게 된다. 과거에 살면 불만이 많고 현재에 살면 행복하다. 하루에 생각이 수도 없이 올라오지만 그 대부분은 부정적인 생각이다.

부정은 전생의 업 때문이다.

이 부정을 긍정으로 바꾸는 게 공부다. 번뇌를 긍정으로 바꾸고 닦으면 닦은 만큼 다음 생이 바뀐다. 긍정의 기운이 모이면 잘 되게 되어 있다.

좋은 마음, 따뜻한 마음으로 모두 녹여야 한다.

진정한 참회로 녹여야 한다.

진정한 참회만이 고통을 줄일 수 있다.

참회는 하심부터 되어야 한다.

혼자서 참회만 한다고 되는 게 아니라 행을 해야 한다.

행동이 달라져야 한다.

내가 어떤 마음으로 상대를 대했는지 생각하라.

가까이 있으면 싸우고 떨어지면 그리워한다.

다 자기 위주로 자기주장만 한다.

참회하라. 나는 무엇을 하고 있는지 생각해 보라.

진정으로 참회하면 벗어날 수 있다.

수행자는 처음에는 묵언 수행을 한다.

말에서 그 사람의 모든 게 묻어 나오기 때문이다.

말은 영혼이 한다. 말하는 걸 보면 그 사람이 무슨 생각을 하는지 어느 정도의 수준을 가진 사람인지를 알 수 있다.

마음이 생각을 하고 생각이 말을 한다.

좋은 말만 하고 웃으면서 살려고 노력해야 한다. 그래야 바꿀 수 있다.

에너지가 차면 말이 하고 싶다. 그러나 반풍수가 말이 많다.

조금 알게 되면 자랑하고 싶고 알려주고 싶어서 말이 많아지게 되어 있다. 에너지가 차는 만큼 말도 많고 빠르다.

에너지가 세면 확 올라오기 때문에 말이 세고 통제가 안 된다.

이런저런 말을 하다보면 생각보다 말이 먼저 나오고 잘못하면 상대에게 상처주는 말을 하게 된다.

말이 빼딱한 사람은 마음이 빼딱하다.

말은 부드럽게 조심해서 해야 한다.

상대가 다치지 않게 제대로 해야 한다.

제멋대로 하는 사람은 공부할 수가 없다.

비록 상대의 부족한 부분이 보이더라도 상대를 보고 배워서 나에게 부족한 걸 채우고 넘어야 한다.

내 역할을 알아야 한다. 모르니까 알려고 공부한다.

모르니까 그렇게 산다. 모르니까 사주팔자대로 프로그램대로 산다. 알면 그렇게 살지 않는다.

공부는 진실만을 이야기하고 있는 그대로 수용하고 받아들이는 것이다. 업을 지었으니까 업이 있다. 지어서 받는 것이다.

고통을 줬으니까 고통을 돌려받는 거다.

지은 죄는 벌을 받는다고 없어지지 않는다.

벌은 세상에서 인간 법에 따라 받지만 죽어 저세상에 가면 하늘 법에 따라 죄의 경중이 가려지고 하늘 법에 따라 벌을 받게 된다.

또 하늘 법에 따라 다음 생이 결정된다. 하늘 법은 인간 법과는 보는 관점이 다르기에 세상에서의 죄와 하늘에서의 죄는 다를 수 밖에 없다.

세상은 물질을 보지만 하늘은 마음을 보기 때문이다.

우리 모두는 인연따라 만난다. 그 인연 때문에 세상에서 마음

대로 안 되는 게 있다. 업에 따라 타고 난 것이라 어쩔 수가 없는 것들이다. 그 예를 들면

첫째, 부모

둘째, 형제자매 인연된 사람들

셋째, 육신

넷째, 돈

다섯째, 배우자

여섯째, 자식

이 여섯 가지 중에서 과연 나는 몇 가지나 좋은 인연을 만났는지 생각해보라.

요즘은 부모 자식 사이에도 원수가 많다. 하물며 형제나 지인은 말할 것도 못 된다. 이렇게 만난 인연들이 내 삶에 얼마나 도움이 되는지 아니면 장애가 되는지를 보면 내가 얼마나 업이 두꺼운지를 알 수가 있다. 주변이 어렵고 안 좋은 사람이 많으면 내가 그렇다는 걸 알 수 있다. 내가 어떤 사람인지를 알아야 바꿀 수가 있다.

내가 가지고 있는 게 뭔지를 모르면 드라마를 새로 짤 수가 없다. 우리 인생은 어차피 한 편의 드라마가 아닌가?

사는 게 드라마인 줄을 안다면 이왕이면 내가 원하는 각본으로 수정하는 것도 괜찮지 않을까?

각본을 수정만 한다고 드라마가 바뀌지 않는다. 전 스탭과 촬영 현장등 모든 게 바뀌어야 하니 쉬운 일은 아니다.

그러나 내가 작가로서 입지가 확실하다면 모두 나에게 따라오게 되어 있다.

작가가 자신의 작품을 본인의 의도대로 끌고 나갈 수 있어야 한다. 이렇게 작가로서의 힘을 가지려면 수행을 하는 수 밖에 방법이 없다. 공부를 하면 바뀐다.

주변이 바뀌는 걸 보면 내 상태를 알 수가 있다.

잠자는 것과 죽은 것의 차이는 눈을 떴을 때 육신이 그대로인지 바뀌었는지의 차이일 뿐이다.

눈을 떴을 때 육신이 그대로이면 잠을 잔 것이고 육신이 바뀌어 있다면 죽었다가 태어난 것이다.

수행자의 요건이 수도 없이 많지만 그중 딱 세 가지만 꼽아야 한다면 '용기·지혜·끈기'이다. 세 가지 중 단 한 가지만 부족해도 수행을 끝까지 지속할 수 없다.

'용기'

수행 중에는 참으로 많은 고비가 존재한다. 수행이란 무의식이 정화되는 과정이다. 몸으로 정신적으로 심리적으로 겪게 되는 명현반응이 끝도 없이 밀려든다.

두렵고 지치는 그 수많은 고비들은 누구도 도와줄 수가 없다. 각자의 에고가 다르기에 해석한다는 것 자체가 불완전하고 의미 없는 일이다. 다가오는 모든 것들을 에고가 해석하는 어리석음에서 벗어나 묵묵히 알아차림을 유지할 때 정화가 이루어지니 용기가 없다면 도저히 헤쳐나갈 수가 없다.

강한 에고가 정화되는 과정에는 감당하기 힘든 상황에 내몰리기도 한다. 알아차림이 비참할 정도로 흐트러지고 허우적거리는 일이 빈번하게 생긴다. 주변의 시선과 가족들의 반응이 스스로를 움츠러들게도 한다. 자신의 엄청난 소신과 대담성이 필요하고 어떤 고통도 견딜 수 있는 용기가 있어야 한다.

두려움이 강하게 밀려드는 탓에 대담한 수행자도 휘청거리게 된다.

'지혜'

용기만 있다고 해서 수행의 길을 헤쳐나갈 수 있는 것은 아니다. 바른길이 아니면 기를 쓰고 앞으로 나아간 들 무슨 소용이 있겠는가?

진리의 길이 아니면 가지 않는 지혜의 눈이 없으면 엉뚱한 곳에서 힘을 빼고 갈팡질팡하게 된다. 오직 혼자 힘으로 수행하는 수많은 이들이 본류에서 벗어나 지류에 빠져 허우적거리기 일쑤이다. 나중에는 자기가 무엇을 위해서 수행을 하는지도 잊은 채 이상한 신념에 사로잡혀 말도 안 되는 고집을 부리곤 한다.

진정한 수행은 나와 만물이 순수의식이며 오로지 그 상태에 머무는 것이다. 그것을 향해서만 정진한다.

순수의식 상태에서는 오직 모를 뿐이다. 완전한 '무'이다.

'끈기'

하나 참으로 이상한 것은 지혜가 충만한 사람 중에 수행을 성실히 하는 끈기가 부족한 사람들이 있다. 이런 사람들 특징은 입과 머리로만 수행을 한다. 끈기가 가장 중요하다.

처음엔 용기와 지혜가 다소 부족한 사람도 단기적인 결과에 연연하지 말고 묵묵히 수행해나가면 어느 순간 부족한 덕목들이 내면에 풍성하게 채워질 수 있다.

용기와 지혜를 타고 났다해도 성실함이 부족하면 하늘이 준 능력도 순식간에 모래알처럼 흩어져 사라지게 된다.

이 세 가지를 모두 타고 난 사람이라 하더라도 자칫 알아차림을 놓치는 순간 또는 마음이 느슨해지는 순간 공든 탑이 와르르 무너지기도 한다.

인간이 본래 자리에 머물러 신성으로 순수의식으로 살아가면 저절로 흘러가는 만물을 지켜보는 것 외에는 할 일이 없음을 알게 된다.

'나'란 것이 애초 없는 것이구나.

헛깨비구나...

무릎을 탁! 치는 순간이 찾아오게 된다.

때로는 깨달음을 얻은 현자도 그의 목표를 달성하지 못하기도 하고 때로는 철모르는 소년이 실수하여 화살로 과녁을 맞추기도 한다.

여기에서 수행방법 몇 가지를 소개하고자 한다.

물론 다 되는 사람도 있고 안되는 사람도 있을 거다. 되고 안되고는 중요하지 않다.

이런 수행방법들이 결국은 내 마음을 내 마음대로 다루기 위해 있는 것이므로 마음이 우주를 품고 있는 사람이라면 이것들이 저절로 될 것이며 설령 안 된다고 해도 아무 문제가 되지 않는다. 단지 일어나는 현상은 각각이 다 다르며 잘못하면 빙의가 될 수도 있다는 걸 염두에 두고 스승의 지도에 따라서 제대로 잘 해야 한다.

여기에 소개하는 수행법들은 모두 영적인 수행이라서 어떤 것도 답이 없다. 영적인 수행은 콩 심었다고 콩이 나는 게 아니라서 세상에서 하는 말로는 설명할 수 없는 게 너무 많다.

모든 것은 내가 어떤 마음으로 어떻게 하느냐에 따라 달라지기 때문이다.

먼저 호흡에 대해 이야기하자.

사람에게 가장 중요한 것은 호흡이다. 호흡은 내 의지로 되는 게 아니라 육신이 알아서 한다. 그러므로 그 육신이 하는 대로 자연 호흡을 하는 게 우선이다. 먼저 자연 호흡으로 나를 바라보라.

편안한 자세로 가볍게 숨을 들이쉬고 내쉬면서 머리부터 발끝까지 가만히 느껴보자. 내 마음이 고요하면 모든 걸 느낄 수가 있다. 뭐든 억지로 하는 건 안 된다.

가늘고 길게 그리고 고요하게 들숨 날숨을 지켜보라.

호흡으로 백회로부터 회음까지 그리고 뼈마디까지 영이 붙어 있는 걸 느낄 수 있다. 몸 느끼기 과정에서 막힌 곳이 있으면 영이 붙어 있다. 어디에 붙어 있는지를 알면 정리를 하면 된다.

자연 호흡이 좋은 이유는 앞뒤가 같이 열리기 때문이다.

복식 호흡은 앞만 열게 되어 균형을 이룰 수가 없다.

뭐든 앞을 열면 뒤도 열어야 하고 왼쪽을 하면 오른쪽도 같이 맞춰줘야 한다. 운동을 하든 뭐든 항상 반대쪽도 같이 해야 한다는 걸 잊으면 안 된다.

모든 건 균형을 이루어야 한다.

숨을 내쉬는 것은 열리는 것이고

숨을 들이쉬는 것은 닫는 것이다.

호흡을 빨아당기면 혈압이 올라가고

호흡을 내쉬면 혈압이 내려간다.

호흡을 빨아당기면 기를 모으는 것이고

호흡을 내쉬면 탁한 기운을 내보내고 새로운 기운을 받아들이는 거다.

호흡 수행을 하는 이유는 내 안의 기운을 충만하게 하여 천지의 기운과 조화를 이루어 깨달음을 얻어서 도를 이루는 것이다.

호흡 수행을 하면 강인한 체력과 정신력이 먼저 오는데 이는 운동역학으로 증명된 것이다.

강력한 체력을 바탕으로 호흡을 통한 관조는 정신력 강화 운동으로 넘어가는 계제가 되는 것이다.

모든 건 몸으로 체험해야 한다. 경험한 것만이 진실이다.

남이 하는 이야기나 책에서 읽은 지식은 껍데기일 뿐 깊이가 없다. 오직 체험해서 스스로 느껴야 한다. 느낀 사람만이 그 깊이를 알 수가 있다. 말이나 글로 표현할 수 없는 오묘한 현상이 너무나 많기 때문이다.

호흡 수행은 가만히 숨을 들이쉬고 내쉬는 걸 반복하며 바라본다. 편안하게 그리고 가늘고 길게 숨을 들이쉬면서 숨을 단전까지 내린다. 의식을 들숨에 두고 숨을 들이쉬면서 백회에서 회음까지 서서히 내린다.

호흡을 백회에서 빨아 당겼으면 회음에서 내쉰다.

이렇게 반복하면서 온몸을 느낀다.

몸 전체 내면을 느낄 수 있다.

머리부터 발끝까지 느껴야 수행이다.

이렇게 호흡으로 몸이 열리면 귀신을 느낄 수 있다.

온몸의 신경이 예민해져서 어디에 귀신이 붙어 있는지도 알게 되고 수행을 깊게 하게 되면 몸도 열리고 눈 코 귀가 열려서 상대 방의 귀신까지 느낄 수가 있다.

백중 기간 중에 있었던 일이다.

위패의 펄럭임이 남달라서 큰스님께서 바라보셨다고 한다.

한 사람에게서 붙인 수자령 영가 5위가 모두 씨가 다르더라고 하셨다.

이상하기도 하고 공부로 그분을 어떻게 도와줘야 하나 하는 마음에 가만히 다른 분을 통해 물어보셨다고 한다. 그랬더니 그 분이 우시면서 씨가 다른 것도 맞고 현재 키우고 있는 아이 셋도 씨가 다 다르다고 하시더란다.

얼마나 기구한 운명인지 더 물어보지 않아도 그 삶을 짐작할 수 있더라하신다.

이렇게 수행을 해서 온몸이 열리면 아주 미세한 파장도 읽을 수가 있다. 타력에 의해 아는 건 한계가 있다. 수행으로 알게 되는 것은 그 깊이가 다르다. 몸 느끼기가 다 되면 다시 의식을 회음에 두고 숨을 들이쉬는 순간 괄약근을 두 번 쥔다.

그다음 서서히 숨을 내쉬고 다시 숨을 들이쉬면서 괄약근 죄기를 반복한다.

이 수행을 반복하면 단전에 힘이 모인다.

호흡만으로 기운이 올라가고 내려가고 하는 걸 느낄 수가 있으며 온몸이 열리는 걸 알 수가 있다.

이렇게 반복하다 보면 몸 전체 에너지가 돌아감을 느낄 수 있다. 강력한 내면의 에너지가 생기면서 귀신을 내보낼 수가 있다.

호흡 속에서 기가 모아지고 모인 기가 위로 발산하면서 몸이 건강해지고 강해진다.

호흡을 하면 혈관이나 신경 하나하나가 뚫리면서 강해진다.

이렇게 강해지면 귀신들이 있지를 못하고 나가게 된다. 실제로 어두운 곳이 있기 때문에 귀신이 있다. 귀신이 있으면 건강할 수가 없다. 바르게만 하면 고통이나 번뇌 망상이 없어지고 병마가 없어진다.

또한 호흡을 하면 영혼의 마음, 냄새도 다 알 수 있다.

호흡 수행은 호흡 속에서 물질을 놓고 바른 지혜가 생긴다.

육신은 지(몸)·수(피의 흐름)·화(뜨거운 기)·풍(호흡, 혼)으로 이루어져 있다.

지·수·화·풍에 공을 더하여 자신이라 하는데 호흡을 통해서 수행을 하여도 지·수·화까지는 알아도 풍은 알 듯 모를 듯 오락가락한다.

딱 믿고 일념으로 호흡 수행을 해야 텅텅 빈 공을 알아채는 바른 지혜가 생긴다.

거듭 강조하지만 함부로 하면 안 된다.

이 수행법은 영적인 수행이라 어떤 현상이 일어날지 아무도 모른다. 호흡 속에서도 근기가 다 다르기 때문이다. 마음이 안 되어 있고 잘못하면 업만 짓고 깊은 수행은 할 수가 없다.

오직 자비와 사랑의 마음으로 수행을 해야 한다.

잘난 척하며 남에게 보여주기 위한 수행을 해서는 절대로 이룰 수가 없다. 지식으로 하면 공부가 안 된다.

거듭 말하지만 함부로 따라 하지 말고 이런 수행법도 있다는 예를 보여주는 것이므로 꼭 해보고 싶으신 분은 연락 주시기 바란다.

인당 열기

30×30cm 정사각형 종이에 지름이 8cm인 검은색 원을 그려 집중해서 본다.

40분에서 1시간 정도 보고 있으면 그 도형에서 빛이 나오고 색깔이 보이기도 하고 가운데 원이 그린 것보다 크게 보이기도 하고 자리를 이동하기도 한다.

오직 기운으로 벽을 뚫을 듯이 바라보면 각각의 반응이 나타난다. 내 몸을 다 볼 수도 있다. 물 흐르는 소리를 들을 수도 있고 물이 흐르는 걸 볼 수도 있다. 의식으로 보려고 해서는 안 된다. 마치 우리가 돋보기로 햇살을 모으면 무지개 색이 보이다가 까맣게 타들어 가듯이 에너지를 한 곳으로 모으는 수행이다.

이렇게 집중적으로 한곳으로 모이면 열리게 되어 있다. 계속 수행을 하다보면 어떤 형상이 보이기도 하고 다른 게 보일 수도 있다. 반응이 일어나면 점검을 받아야 한다.

오래하면 육신의 눈이 아프다.

이 수행은 인당이 열리는 공부라서 제대로 공부하면 금강경에 나오는 육안 · 천안 · 혜안 · 법안 · 불안을 열 수 있다.

수행을 하면 전생을 보는 사람도 있고 부처님이나 보살님들을 보기도 한다.

천안이 열리면 언뜻언뜻 전생이 보이고

혜안이 열리면 전생을 보고

법안이 열리면 전생의 3대까지를 본다.

신이 있는가 없는가에 따라 또는 어떤 신이 있는가에 따라 나타나는 반응이 다 다르다.

욕심으로 하면 안 된다. 잘못하면 인당이 무겁게 느껴진다.

신통이 나타나면 신통을 버려야 깨달음에 이를 수 있다. 특히 스승 없이 해서는 안 되는 수행법이다.

기운 받기

꼭 방향을 정하는 건 아니지만 가능하면 북쪽을 보고 앉는다.

양반다리를 하고 앉아서 두 손을 가슴 앞에 모은다.

손뼉을 치면서 부처님 명호를 부른다.

몸이 아픈 사람은 약사여래불이나 자신이 원하는 부처님을 생각하며 부르면 된다. 석가모니불이든 관세음보살을 찾든 상관이 없다.

명호를 부르면서 손을 옆으로 벌린다.

팔꿈치는 옆구리 쪽으로 손바닥은 위로 향하게 하면서 눈을 감는다.

불러서 청한 부처님을 손바닥으로 느낀다.

손바닥이 묵직하게 느껴지면서 손에 앉았다고 생각되면 눈을 뜨고 손을 가슴 앞에 모은다.

다시 손뼉을 치면서 부처님 명호 부르기를 세 번 반복한다.

세 번을 받아서 온전히 느껴지면 두 팔을 벌려 손바닥을 백회

위로 가져간다.

눈을 감은 채 손바닥에 느껴진 부처님 기운을 백회로 넣으면 된다.

넣으면 기운이 백회로 들어오는 걸 느낄 수 있다.

이렇게 부처님의 기운을 내 몸에 넣으면 귀신들을 밀어낼 수 있다. 반복해서 하다보면 자비를 이룰 수 있다.

제대로 하면 탁기가 빠져나가고 몸이 가벼워지는 걸 느낄 수가 있다. 계속하다보면 에너지가 생기고 마음이 편안해진다.

일반인이든 신끼가 심한 사람이든 쉽게 접할 수 있는 수행법이다.

관세음보살 수행법 (머리 여는 법)

호칭은 뭘 해도 상관이 없다.

관세음보살님이든 지장보살님이든 부르고 싶은 분을 부르면 된다.

소리 내어 두 번 부르고 (그 소리가 내 귀에 정확하게 들려야 한다.) 마음속으로 두 번 부르면서 느끼기를 반복해서 1시간가량 한다. 가능하다면 두 사람이 마주 보고 앉아서 한 사람이 소리 내어 두 번 부르면 앞에 앉은 사람은 마음속으로 두 번 따라 부르고, 앞에 앉은 사람이 받아서 소리 내어 두 번 부르면 다른 사람은 속으로 두 번 부르기를 반복하면 더욱 좋은 수행이 된다.

상대가 소리 내어 관세음보살님 명호를 부르는 동안 상대의 소리를 들으며 같이 마음속으로 부르면서 내 몸을 느껴보면 머리에서부터 온몸이 자극을 받아 열리게 된다.

계속 명호를 부르면 메아리가 들리고 내 귀에서 그 소리가 들리게 된다. 기가 몸속으로 들어가 머리부터 발끝까지 두드리면서 자극을 주게 되어 온몸이 열리는 효과를 보게 된다.

기가 들어가서 뇌를 깨우고 영혼을 깨운다. 이 수행을 하면 혜가 맑아지고 자비심이 생긴다. 이렇게 기가 온몸을 두드리기 때문에 귀신이 있지 못하고 빠져나간다. 소리로 음(音)으로 기가 들어가서 정리를 하기 때문에 집중이 안 되면 안 된다.

빠른 사람은 한 달 만에 반응이 나타나기도 하지만 10년이 걸리는 사람도 있고 전혀 반응이 일어나지 않는 사람도 있다.

반응이 없다고 안되는 것도 아니고 반응이 빨리 일어난다고 잘 되는 것도 아니다. 지식으로는 아무것도 얻을 수가 없다.

그 사람이 가진 업이나 영적 그릇에 따라 나타나는 현상은 다를 수 밖에 없다. 하루에 얼마나 했는지에 따라 나타나는 반응도 달라진다.

1시간 했을 때 열리는 것과 3시간 연속했을 때 열리는 것은 다를 수 밖에 없다. 우리가 운전 연수를 할 때도 찔끔찔끔 여러 번 하는 것보다 한 번 할 때 장시간 연수를 하면 훨씬 빨리 몸이 기억을 한다.

죽을 만큼 해봤는가?

수행은 이론으로 답이 나오지 않는다.

내가 어떤 마음으로 어떻게 얼마나 했는가에 따라 다를 수 밖에 없다.

태양 에너지 받는 법 - 금강 진인 수행법
(몸 아픈 사람, 영가 처리법)

방바닥에 앉는다.

의자가 있으면 편하게 할 수 있다.

45도 각도로 앉아서 팔을 벌리고 손을 벌려서 태양의 기운을 받는다.

몸이 열려야 들어오는 걸 느낄 수 있다.

수행이 안 된 사람은 가르쳐줘도 잘 하지 못한다.

기운이 들어오고 나가는 걸 느껴야 한다.

기운을 받을 줄 알아야 한다.

수행이 안 되면 힘들다.

대체로 이 수행법은 고수들이라야 해낼 수가 있다.

따라한다고 되는 게 아니다.

이 수행을 하면 몸이 강해지고 좋아진다.

몸이 강철처럼 단단해져서 귀신들이 들어오지를 못한다.

대주천 돌리기

편안한 자세로 앉아서 두 손을 단전에 모은다.

단전에 기를 모아 구슬을 만든다.

크게 만들 수 있으면 크게 만들어도 상관이 없다.

단전에 모은 기덩어리(기구슬)를 회음으로 굴리고 내려간다.

회음에서 항문을 지나 꼬리뼈, 척추뼈를 지나서 목뼈 머리 가운데를 굴리고 올라와서 백회, 인당, 코뼈, 인중, 턱, 목, 가슴골을 지나 단전까지 굴리고 내려가서 단전에서 기 덩어리를 흩어준다.

다시 단전에서 기 구슬을 만들어 같은 방법으로 굴리고 흩어주고를 반복한다.

이렇게 하다보면 온몸에 열이 나기도 하고 기 구슬이 불덩이처럼 뜨겁게 굴러가기도 한다.

몸에 막힌 곳이 있으면 구슬이 잘 굴러가지 못하고 멈춰 서게 된다. 그래도 계속 반복하다 보면 어느 순간 돌아가게 되어 있다. 온몸의 중심을 뚫어주기 때문에 기의 흐름이 원활하게 된다.

이 수행을 하면 언제 잠이 들었는지 모르게 자고 있다.

어떤 수행법을 하더라도 사람마다 일어나는 반응은 다양하다. 각각이 가진 환경과 조건이 다 다르기에 나타나는 현상이 다른 건 당연한 일이다. 어떤 반응이 나타나더라도 스승이 있어야 옳은 수행을 하는지 잘못된 수행을 하는지 알 수가 있다.

영적 공부는 정해진 답이 없어서 우습게 보고 함부로 해서는 절대 안 된다.

그들이 어느 틈으로 들어올지 알 수가 없기 때문이다.

평상시와 다르다고 느껴지면 뭔가 들어왔는지 살펴봐야 한다. 아니면 내면의 그분께서 드러나는 것인지...

귀신들은 틈만 나면 우리에게 머물 핑계를 찾는다.

한 번 들어온 귀신은 절대 나가려고 하지 않는다.

그들은 온갖 거짓말과 핑계로 우리를 속인다. 그들이 속이면 우리는 속을 수 밖에 없다. 그들은 우리의 생각을 미리 알고 우리가 무엇을 좋아하고 어떤 걸 두려워하는지를 알아서 우리를 마음대로 조정하기 때문이다.

내 욕심과 어리석음 때문에 어떤 일도 바르고 정확한 판단을 하지 못하고 그들이 조정하는 대로 따라가기 마련이다.

인간에게 고통을 주는 게 그들의 역할이다. 그러므로 눈앞의 이익을 따라가다 보면 결국 힘들어질 수 밖에 없다.

다단계가 처음에는 돈이 되는 것 같지만 마지막은 남는 게 없는 것처럼 귀신을 따라가면 우선은 일이 되게 해서 그들의 말을 들을 수 밖에 없도록 만들지만 결국은 아무것도 남는 게 없어진다.

오히려 패가망신한다.

이번 삶이 끝이 아니다.

다음 생은 어쩔 것인가?

그들을 이기려면 어떤 경우에도 부정적인 생각을 하면 안 된다. 오직 좋은 마음으로 살아야 그들이 우리에게 머물지를 못한다. 결국 그들을 이기기 위해서는 규칙적인 생활과 긍정적인 사고와 밝고 건강한 마음으로 사는 것 뿐이다.

내 마음이 내 뜻대로 내 마음대로 되지 않는 건 그들 때문이다. 마음이 투명하고 맑아야 한다. 음기 조각이 있으면 안 된다.

부정이 있으면 맑은 수행을 할 수 없다. 그들이 있으면 깊은 수행은 할 수가 없다. 그들을 내보내고 비워야 한다.

그들이 있음을 확실히 인지하고 내가 깨어 있을 때 그들을 이길 수가 있다. 항상 마음과 행동이 나인지 그분들인지를 알아야 한다. 모르면 이길 수가 없다. 녹은 쇠에서 생긴 것인데 점점 그 쇠를 먹는다. 이와 같이 그 마음이 그늘지면 그사람 자신이 녹슬고 만다는 뜻이다.

영적 문제는 다수가 소수를 인정하지 않아서 문제로 인지될 뿐이다.

소수도 소수로서 인정하면 그들로서는 정상이다.

그 소수를 인정하고 받아들이는 게 공부하는 사람의 자세다.

공부를 했으면 아는 만큼 돌려주는 게 공부다.

인연이란 사람과의 관계만을 의미하는 것은 아니다.

무수히 많은 원인과 조건들의 결합을 이름하여 인연이라고 표현한다. 과거에 심어진 씨앗들이 조건을 만나 발현되어지는 것이기에 일어나는 모든 일은 우연인 듯 다가오는 필연이다.

나뭇잎이 바람에 흔들리는 까닭은 나무가 그 자리에 있기 때문이며 바람이 마침 불어오기 때문이다.

후기

나는 누구인가?

나는 왜 여기 있으며 무엇을 하기 위해 태어났는가?

수많은 질문 속에 긴 시간을 방황하며 얻은 사실은 귀신을 알고 이겨야 한다는 것이었다.

마음에서 일어나는 많은 부정들은 귀신들이 만드는 것이었다. 그렇다고 내가 하는 걸 귀신에게 책임 전가하겠다는 게 아니다.

귀신은 내가 그러니까 나에게 온다. 그러나 내가 아무리 나쁜 생각을 안 하려고 해도 잊고 있는 그 순간에 불쑥 고개를 내밀며 떠오르는 나쁜 마음은 내가 아니기 때문이다.

이렇게 올라오는 생각을 이기지 못하면 나를 찾을 수가 없었다. 내가 가진 지식 사이에서 또는 편견 속에서 아니면 고정 관념을 가지고 그들은 내 생각을 마음대로 조정하며 이용하고 있었다. '참나'는 깨끗하고 착하고 순수하고 자유롭고 아름답기까지 하다.

그런 나 자신을 찾기 위해서는 귀신들을 이겨야만 한다.

그들을 이기지 못하면 나 자신을 찾을 수가 없다.

천(天)·지(地)·인(人)

이 세 가지가 완전히 합쳐졌을 때 나 자신을 찾고 깨달음에 이르게 된다.

그들은 육신에 붙어 있다.

그리고 그들은 내 마음에 붙어서 나를 마음대로 갖고 논다.

내 마음이 내 마음대로 될 때 공부가 시작된다.

가도 가도 끝이 없는 이 길의 끝에는 과연 무엇이 있을까?

여기에 적은 수많은 귀신들의 이야기가 끝이 아니다.

좀 더 깊이 있는 이야기를 하기에는 내 능력이 너무나 부족해서 공부과정에 있는 나를 채찍질해 본다.

다음 책에는 더 깊은 이야기를 써 보리라 다짐하면서...

귀신으로 인해 고통받는 많은 분들에게 조금이나마 도움이 되기를 바란다.

글로는 표현할 수 없는 많은 이야기가 있습니다.
좀 더 깊이 있게 알고 싶으신 분이나
영적으로 궁금한 게 있으신 분은 연락 주십시오.
문의 : **010-8840-1151**

엮은이 : 혜희
1980년 부산대학교를 졸업하고 1999년부터 영적수행을 계속해 오고 있다.

귀신 연구소

1판 1쇄   2020년 11월 25일
1판 발행 2020년 11월 30일

엮은이   혜희
펴낸이   주지오
펴낸곳   도서출판 무량수
         부산광역시 부산진구 중앙대로 777
         이비스앰배서더 부산시티센터 2층 (부전동)
전 화   051-255-5675
팩 스   051-255-5676
e-mail   boan21@korea.com
출판신고번호   제9-110호

값 20,000원

ISBN 978-89-91341-60-9

잘못된 책은 바꾸어 드립니다.